Körpersprache und Berufserfolg

Dr. Cornelia Topf

Körpersprache und Berufserfolg

Bewerbungsgespräche

Umgang mit Kollegen

Chefs und Mitarbeiter

Meetings

Freie Reden und Präsentation

Kundenkontakte

Inhalt

Wie man in den Wald hineinruft,
so schallt es heraus.

SPRICHWORT

VORWORT

Das Leben ist manchmal ungerecht – wir brauchen uns nur umzusehen. Wer wird bevorzugt anerkannt und befördert? Etwa die Kompetentesten der Abteilung, der Arbeits- oder Projektgruppe? Die Leute, die am meisten können und am härtesten arbeiten? Nein, häufig sind es die, die *gut aussehen, eine Show abziehen, Impression Management betreiben* oder *regelmäßig ihre Auftritte hinlegen*. Das berichten mir seit Jahren die Teilnehmer meiner Seminare. Sie sind enttäuscht und erbost darüber, dass nicht nach Leistung, sondern nach *Schauspielertalent* beurteilt und befördert wird.

Natürlich ist das ungerecht. Natürlich schmeckt das weder Ihnen noch mir. Und natürlich können weder Sie noch ich irgendetwas daran ändern. Denn nach dem äußeren Anschein wird nicht nur bei der Arbeit beurteilt – auf jeder Party läuft das so. Vielleicht

kommt gerade ein Mensch mit einem IQ von 180 zur Tür herein. Verneigt sich alles in Ehrfurcht? Nie im Leben. Die inneren Werte machen nicht den ersten Eindruck aus, sondern seine Kleidung, seine Körperhaltung, seine Hände, sein unsicheres Lächeln – und schon *steht* unser Urteil über ihn, ohne dass wir von seiner überragenden Intelligenz auch nur den blassesten Schimmer hätten.

Was Menschen von Menschen halten, hängt häufig kaum davon ab, was einer ist, kann, sagt oder tut. Es hängt davon ab, wie er auftritt; was sein Körper über ihn verrät, noch bevor er den Mund aufmacht. Wie ungeheuer die Tragweite dieses Phänomens ist, erleben wir täglich. *Schauspieler* werden bevorzugt befördert, elegante *Phrasendrescher* beherrschen die Arbeitssitzung und ein gelungener Auftritt wiegt allemal schwerer als fachliche

Kompetenz. In einem Satz: Die Körpersprache bestimmt unseren beruflichen Erfolg wesentlich mit. Wer hoch kompetent ist, jedoch ungeschickt auftritt, bringt es oft nicht weit. Wer die Menschen durch sein gewinnendes Auftreten für sich einnimmt, kommt groß heraus. Unsere Körperhaltung beeinflusst unsere Stellung im Leben: Wenn wir uns klein machen, bleiben wir klein. Wenn wir aufrecht durchs Leben gehen, reichen wir auch an die hohen Trauben heran. Im Grunde wissen wir das längst, wir können es nur nicht umsetzen, wenn es darauf ankommt. Das hat Gründe.

Zum einen wissen wir oft nicht, welche verräterischen Körpersignale uns einen Streich spielen. Zum anderen können wir auch vorhandenes Wissen in prekären Situationen meist nicht anwenden: vor dem Chef, bei Mobbingattacken oder vor schwierigen Kunden. Und drittens fehlt uns schlicht die Übung für einen überzeugenden Auftritt. Alle drei Hindernisse wollen wir auf den folgenden Seiten ausräumen. Damit wendet sich dieses Buch an alle Menschen, die im Beruf weiterkommen wollen, aber nicht wissen: Was hat der Körper damit zu tun?

Abschließend noch ein paar Worte zu diesem Buch:

Sie können diesen Ratgeber von vorne nach hinten oder von hinten nach vorne lesen. Picken Sie sich das Kapitel heraus, das für Sie gerade relevant ist oder steigen Sie dort ein, wo Sie eine interessante Stelle entdeckt haben. Die Reihenfolge Ihrer Lektüre ist nicht so wichtig. Egal, wo Sie beginnen und aufhören, Sie werden beim aufmerksamen Lesen zwei Effekte an sich bemerken:

- Sie beginnen zum einen, Ihre eigene und die Körpersprache Ihrer Mitmenschen aufmerksam zu beobachten. Mit der Zeit lernen Sie immer mehr der bislang rätselhaften oder gar ärgerlichen und für Ihre eigenen Ziele hinderlichen Körpersignale richtig zu deuten.

- Sie beginnen zum zweiten, diese Körpersignale bei sich zu beeinflussen, mit ihnen zu spielen und die Reaktion Ihrer Mitmenschen darauf zu beobachten. Damit sind Sie schon mitten in Ihrem eigenen, ganz persönlichen Erfolgstraining für Körpersprache. Mehr benötigen Sie nicht.

Noch ein Tipp vorab: Wenn Sie wirklich mehr Erfolg im Leben haben wollen, verbessern Sie Ihre Körpersprache dort, wo es am meisten bringt oder wo zur Zeit ihr größter Erfolgsengpass liegt. Also zum Beispiel gegenüber dem Chef, gegenüber „Problemkollegen", gegenüber den Kunden oder bei Präsentationen. Doch üben Sie die Verbesserung Ihrer Körpersprache zunächst nicht in diesen hochsensiblen Situationen, sondern in jenen, in denen es sowieso ganz gut für Sie läuft. Wenn Sie also zum Beispiel unter einem Problemchef leiden, testen Sie Ihre neue Körpersprache zunächst an Freunden und Kollegen, beobachten Sie die Wirkung, verbessern Sie Fehler und lassen Sie sich Feedback geben. Dann klappt's auch mit dem Chef.

Und nun wünsche ich Ihnen viel Spaß bei der Lektüre!

Cornelia Topf

»Menschen sind wie Magneten.
Sie ziehen an, was sie ausstrahlen.«

DR. JOSEPH MURPHY

DER KÖRPER VERRÄT DIE GEHEIMSTEN GEDANKEN

Wie man sich selbst ein Bein stellt

Wie wichtig die Signale sind, die unser Körper aussendet, wissen wir. Denken wir an einen Raubtier-Dompteur. Wenn er den Raubkatzen seine Angst *zeigt,* dann ist es um ihn geschehen. Denken wir ans Pokerspiel. Dabei kommt es nicht so sehr darauf an, welches Blatt man auf der Hand hat. Es kommt darauf an, wie gut man den Eindruck erweckt, man habe ein tolles Blatt – kurz: wie gut man blufft. In dieser Hinsicht ist das ganze Leben ein Pokerspiel: *Der äußere Eindruck zählt.*

Verkäufer im Außendienst wissen das und stellen sich sorgfältig darauf ein. Sie sind meist makellos gekleidet: „Man muss eben einen guten Eindruck auf den Kunden machen." Die großen Hotels der Welt schulen ihr Empfangspersonal, damit es immer einen freundlichen und kompetenten Eindruck macht, wenn der Gast einen Wunsch äußert. Das alles wissen wir. Doch im Alltag vergessen wir es oft – mit unangenehmen Folgen. Wann immer wir vergessen, dass der Eindruck zählt, kommen wir in Schwierigkeiten. Dazu eine typische Bürosituation.

Thomas Knaus ist Angestellter im Büro-großhandel. Eines Tages stürmt der Chef herein und ruft: „Knaus, in mein Büro! Ich habe mit Ihnen zu reden!" Mit einem Schlag hat Thomas Knaus feuchte Hände und einen Kloß in der Kehle. Er steht auf, folgt dem Chef mit zitternden Knien in dessen Büro und nimmt auf dem Arme-Sünder-Stuhl Platz. Kaum sitzt er, donnert der Chef los: „Also Knaus, das ist wirklich das Letzte! Wie können Sie einem unserer besten Kunden eine Mindermenge schicken?!" Thomas Knaus ist empört: Der Vorwurf stimmt nicht! Die Bestellung wurde vom Kunden nachträglich korrigiert. Thomas Knauss weist sofort darauf hin, aber der Chef geht einfach über seinen Einwand hinweg: „Kommen Sie mir nicht mit fadenscheinigen Ausreden! Wo ist das dokumeniert? Sie sind ein Schlamper, Knaus, das habe ich schon immer gesagt." Egal, was Thomas Knaus auch einwendet, der Chef hackt weiter auf ihm herum. Thomas Knaus versteht die Welt nicht mehr. Er sagt doch laut und deutlich, dass die Vorwürfe nicht stimmen. Warum hört der Chef nicht zu? Weil es gar keine Rolle spielt, was Thomas Knaus sagt.

Signale, nicht Worte zählen

Thomas Knaus erliegt einem verbreiteten Irrtum. Er denkt, dass nur zählt, was er sagt. Das ist falsch. Aus vielen Forschungsstudien wissen wir: Eine einzige Geste sagt mehr als tausend Worte. Wenn der Mund Ja und der Körper Nein sagt, glaubt man dem Körper. Nicht was man *sagt* entscheidet, sondern wie man *auftritt*. Der Volksmund weiß das schon lange, auch ohne aufwendige Studien: „Der erste Eindruck zählt." Und der erste Eindruck steht meist schon fest, noch bevor jemand den Mund aufmacht: „Der war mir gleich unsympathisch, noch bevor er ein Wort sagte." Auch sonst gilt: Nicht was wir sagen bestimmt unsere Außenwirkung, sondern zwei ganz andere Faktoren – nämlich Körpersprache und Stimme.

Unsere Wirkung auf andere wird verursacht zu
- 55 % von unserer Körpersprache,
- 38 % von unserer Stimme und nur zu
- 7 % von dem, was wir sagen.

Aber das weiß Thomas Knaus nicht. Er *sagt* zwar, dass er unschuldig ist, doch sein Körper sagt etwas ganz anderes. Betrachten wir, wie Thomas Knaus' Körpersignale ihn verraten. Thomas Knaus hat den Chef förmlich dazu eingeladen, auf ihm herumzuhacken.

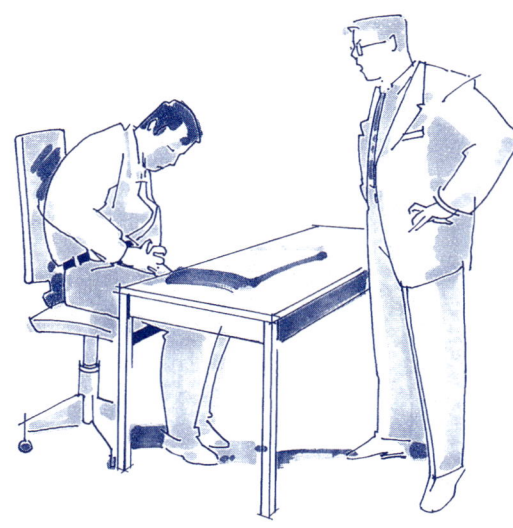

Es ist nicht so wichtig, was wir sagen. *Wie* wir es sagen, ist viel wichtiger. Unsere Stimme und unsere Körperhaltung wirken fünf- bzw. achtmal stärker auf unser Gegenüber als der Inhalt unserer Worte

Wie hat er das angestellt? Thomas Knaus sitzt da wie ein begossener Pudel. Seien wir ehrlich: Wenn uns so eine traurige Gestalt begegnete, hätten wir da nicht auch Lust, noch eins draufzusetzen, wenn wir gerade beim Predigen sind? Thomas Knaus' Körpersprache hat eine verheerende Wirkung. So wie er dasitzt, wirkt er klein, verunsichert und hilflos:

- Er hat seinen Blick gesenkt, was auf den Chef wirkt, als wolle er sagen „Ich schäme mich."
- Sein Oberkörper ist eingerollt, den Kopf hat er zwischen die Schultern gezogen: Er macht sich klein, er nimmt eine Demutshaltung ein, als ob er sich vor einem Gewitter fürchtete.
- Er spielt abwechselnd nervös mit seinem Kuli und versteckt seine Hände unterm Tisch oder in seinem Schoß.

Jedenfalls wirkt er so wie ein armer Sünder, der sich seiner Schuld wohl bewusst ist. Sein Chef spürt das sofort: „Dem sieht man an, dass er was ausgefressen hat. Wenn er wirklich schuldlos wäre, wie er behauptet, warum zeigt er dann so ein schlechtes Gewissen?" Nicht seine Argumentation, sondern seine Körperhaltung macht Thomas Knaus zum Verlierer.

So ist das im Büroalltag. Wir bekommen nicht, was wir verdienen und was uns zusteht, sondern was wir ausstrahlen. Wenn wir klein und schuldbewusst wirken, dann findet sich immer jemand, der das skrupellos ausnutzt und uns eins aufs Dach gibt. Wenn wir dagegen souverän, selbstbewusst und überzeugend auftreten, stellen sich Erfolge fast von selbst ein. Denken Sie an Birgitt Schrowange, Arabella Kiesbauer, Thomas Gottschalk, Alfred Biolek oder andere TV-Größen. Was diese Damen und Herren *sagen,* ist meist wenig tiefgründig und zeigt auch nicht unbedingt großen Sachverstand, aber sie *wirken* unübertroffen und viele Fernsehzuschauer glauben ihnen alles, ohne wirklich darüber nachzudenken. Ein überzeugender Auftritt ist also karriereentscheidend. Wer sich dagegen nur auf sein Fachwissen verlässt, ist in vielen Alltagssituationen verlassen – er macht eigentlich nur den halben Job. Fachwissen *und* überzeugendes Auftreten machen den ganzen Job aus. Überzeugendes Auftreten kann man lernen – man/frau muss lediglich bereit sein, sich bewusst mit der eigenen Körpersprache auseinander zu setzen und zu lernen, wie man seine Körpersprache gekonnt einsetzt. Sind Sie bereit dazu? Dann beginnen wir mit den Grundlagen, den Vokabeln der Körpersprache.

»Grade, klare Menschen sind ein schönes Ziel.
Menschen ohne Rückgrat gibt es schon zu viel.«

Bettina Wegner, Liedermacherin

Die Vokabeln der Körpersprache

Das Vokabular im Überblick

Von Kind an bringen uns Eltern und Lehrer bei, wie man spricht – in Worten. Leider wissen wir inzwischen, dass die gesprochene Sprache nicht die wirkungsvollste ist. Unsere Wirkung auf andere wird nur zu 7% vom Inhalt unserer Worte und zu weitaus gravierenderen 93% von unserer Körpersprache bestimmt. Trotzdem wird die weitaus wichtigere Sprache in der Erziehung stark vernachlässigt: *Die Körpersprache ist die vergessene Sprache unserer Zivilisation.* Daher müssen wir uns anders behelfen. Wer im Leben weiterkommen will, muss die Körpersprache selbst erlernen. Wie jede gesprochene Sprache, so hat auch die Körpersprache ihre Vokabeln:

- Blickkontakt
- Körperhaltung
- Handbewegungen (Gestik)
- Gesichtsausdruck (Mimik)
- Stimmführung
- Kleidung, Frisur, Schmuck
- Distanzzonen

Wir wollen uns die einzelnen Vokabeln etwas genauer ansehen. Beginnen wir mit dem Blickkontakt.

Der Blickkontakt: „Schau mir in die Augen, Kleines"

Es gibt einige schöne Redewendungen, die die Bedeutung des Blickkontaktes illustrieren: „Wenn Blicke töten könnten . . ." „Er warf ihm einen Blick zu, der ihm das Blut in den Adern gefrieren liess." „Ihre Augen bohrten sich förmlich in seine." Ohne Übertreibung kann man sagen: Das Wichtigste für eine souveräne Wirkung ist der Blickkontakt. Thomas Knaus (siehe Seite 12) schaut seinem Chef nicht in die Augen, er blickt nach unten. Das tun Kinder, die etwas ausgefressen haben. Deshalb fragt man sie auch: „Schau mich an – sagst du die Wahrheit?" Wer lügt, schaut einem nicht ins Gesicht, das haben wir gelernt. Deshalb schließen wir: Wer wegsieht, lügt wohl. Sie können sagen, was Sie wollen – wenn Sie Ihren Partner dabei nicht ansehen, haben Sie schon verloren. Für einen überzeugenden Auftritt brauchen wir den Blickkontakt, alle anderen Tipps zur Körpersprache helfen nicht viel, wenn wir ihn nicht schaffen. Das kann man übrigens wunderbar vor dem Spiegel trainieren.

Übung:
Sich selbst ins Auge blicken

Treten Sie vor den Spiegel. Wo schauen Sie hin? In den seltensten Fällen blicken wir uns selbst in die Augen. Wir schauen überhaupt selten jemandem genau in die Augen. Um das zu schaffen, müssen wir zuerst den Blickkontakt zu uns selbst herstellen. Das kostet bei den ersten drei bis fünf Versuchen etwas Überwindung, weil im Kopf sofort Lernblockaden auftauchen wie: „Wie siehst du heute wieder aus? Die Frisur sitzt nicht und was ist das da für ein Fleck?" Wir müssen zuerst lernen, uns nicht von dieser inneren Stimme ablenken zu lassen. Nach dem fünften Anlauf fällt das meist schon leichter. Und dann fällt es auch leichter, den entscheidenden Augenkontakt zum Gegenüber herzustellen.

Übung:
Anderen ins Auge sehen

Wenn Sie sich selbst vor dem Rasier- oder Schminkspiegel ins Auge sehen können, können Sie dann Ihrem Chef ins wütende Auge blicken, wenn er Ihnen wieder mal – völlig unberechtigt natürlich – eine Strafpredigt hält? Wohl kaum. Der Sprung ist zu groß. Man meldet sich auch nicht gleich zum Grand Slam an, nur weil einem ein Topspin-Lop gelang. Wie bei allem, was man neu lernt, gilt auch hier das Prinzip der sukzessiven Approximation. Auf Deutsch: In kleinen Schritten nähert man sich großen Zielen. Beginnen Sie mit dem Blickkontakt also bei Menschen, die Ihnen vertraut sind.

Dabei wird Ihnen etwas auffallen: Selbst unseren nächsten Verwandten sehen wir sehr selten ins Auge. Blicken Sie ihnen ab und zu in die Augen; lächelnd natürlich, sonst werden sie nervös. Beobachten Sie, wie Sie und die anderen sich dabei verhalten. Was ist die richtige Dosierung für den Partner in der jeweiligen Situation? Wie reagiert er/sie? Wie fühlen Sie sich dabei? Je öfter Sie Blickkontakt herstellen, desto versierter werden Sie in der Anwendung. Dann steigern Sie sich langsam: Blicken Sie Bekannten, Vereins-, dann Arbeitskollegen, netten Vorgesetzten, schwierigen Vorgesetzten und schließlich schwierigen Vorgesetzten in schwierigen Situationen in die Augen. Sie werden erstaunt sein, wie viel so ein einfacher Blick bewirkt.

Die Körperhaltung: Die Erfindung des aufrechten Gangs

Das Wichtigste für einen überzeugenden Eindruck ist der Blickkontakt. Das Zweitwichtigste ist die Körperhaltung. Betrachten Sie noch einmal auf Seite 11, wie Thomas Knaus dasitzt – unwillkürlich denkt der Boss: „Kein Rückgrat, der Mann." Eine ganz andere Wirkung erzielt Thomas Knaus dagegen, wenn er sich daran erinnert, dass er ein Rückgrat hat (siehe Zeichnung auf Seite 17).

Die meisten Chefs achten unwillkürlich auf die Körperhaltung ihrer Mitarbeiter und ziehen daraus ihre Schlüsse. Ein Manager verriet mir: „Ich müsste mit meinen Mitarbeitern gar nicht reden. Ich schaue mir nur an, wie sie dasitzen – das sagt alles." Wer vorne auf der Stuhlkante sitzt, signalisiert: „Ich bin unsicher und nervös." Einige winden ihre Beine um die Stuhlbeine, weil sie buchstäblich Halt suchen. Die ganz Lässigen lümmeln weit zurückgelehnt im Sessel und drücken damit aus: „Das interessiert mich alles herzlich wenig." Frauen wickeln gern ein Bein gleich zwei- und dreifach um das andere und signalisieren damit ihre Verlegenheit oder Unsicherheit.

Rückgrat zu zeigen ist nicht immer ganz einfach. Viel zu leicht verlernt man, aufrecht durchs Leben zu gehen. Viel zu schnell gewöhnt man sich daran, sich vor Autoritäten, Chefs, Kunden und anderen Respektspersonen ehrfurchtsvoll zu ducken. Wir zeigen mit unserer Körperhaltung, was wir denken und empfinden: Wir ordnen uns unter. Die Körperhaltung spiegelt unsere Geisteshaltung wider. Das ist jedoch umkehrbar: Mit unserer Körperhaltung können wir unsere Geisteshaltung beeinflussen. Probieren Sie das einmal aus!

**Wer wagt es,
diesen selbstsicheren jungen
Mann abzukanzeln?**

Übung:
Körperhaltung steuert Geistes-haltung

Sicher sitzen Sie gerade gemüt-lich vor Ihrem Buch. Stehen Sie auf, richten Sie sich auf, strecken Sie die Brust heraus, pflanzen Sie beide Füße fest auf den Bo-den, stemmen Sie die Hände in die Seite, nehmen Sie Ihr Kinn hoch und holen Sie tief Luft. Na, wie fühlt sich das an? Gut, stark, selbstbewusst. Der Körper steuert den Geist.
Und jetzt denken Sie an Ihren Chef, das Finanzamt oder Ihren letzten Ehekrach – pfffft – die Luft ist raus. Der Geist hat den Körper beeinflusst und Sie füh-len sich besser.

Übung:
Aufrechte Haltung

Es ist nicht leicht, gegenüber Respektspersonen Rückgrat zu zeigen. Aber auch hier gilt: Übung macht den Meister. Am besten, Sie üben vor dem Spie-gel. Fixieren Sie den höchsten Punkt Ihres Kopfes. Stellen Sie sich vor, dass an diesem Punkt eine Schnur festgeklebt ist, die Sie wie an einer Seilwinde zur Decke hochzieht: Sie werden automatisch gerade, aufrecht und größer. Achten Sie einmal darauf, wie sich Ihre Körperhal-tung der jeweiligen Situation an-passt. Je gewichtiger das Gegen-über, desto kleiner machen wir uns. Damit schaden wir uns. Je kleiner wir uns machen, desto eher können wir eins aufs Dach bekommen.

Üben Sie den aufrechten Gang langsam und in kleinen Schritten. Nicht gleich mit dem Chef beginnen! Fangen Sie mit weniger hochrangigen Gesprächspartnern an und arbeiten Sie sich langsam empor. Beobachten Sie: Wie stehe ich da? Und richten Sie sich auf. Denken Sie daran: Wer aufrecht und furchtlos durchs Leben geht, dem begegnet man auch mit Respekt. Nach einer Weile werden Sie bemerken, dass sich der Automatismus umkehrt. So automatisch, wie Sie sich früher klein machten, so automatisch richten Sie sich jetzt auf. Was so ein bisschen Gymnastik alles bewirkt ...

Die Gestik:
Wohin mit den Händen?

Neben Blickkontakt und Körperhaltung sind unsere Hände entscheidend für einen überzeugenden Auftritt. Geraten sie außer Kontrolle, werden sie zum Problem. Wenn wir beispielsweise in einer wichtigen Besprechung sitzen, dann machen sie sich oft selbstständig. Sie schnippen mit dem Kuli, ruckeln an der Brille, zupfen am Bart, nesteln

an der Kleidung, spielen mit der Frisur, verstecken sich hinter dem Stuhl, klammern sich aneinander, verkriechen sich unter den Oberschenkeln ... – alles ganz verständliche Handbewegungen, wenn man nervös oder etwas verunsichert ist. Leider sieht das der Partner anders. Er vermutet: „Der oder die ist unkonzentriert, schuldbewusst, nicht bei der Sache und vielleicht sogar inkompetent." Das ist tragisch. Eigentlich sind wir nur ein wenig unsicher, aber der Eindruck, den wir erwecken, geht in eine ganz andere, falsche Richtung. Wie können wir das vermeiden?

Der nahe liegende Tipp wäre: „Achten Sie das nächste Mal darauf, dass Sie Ihre Hände unter Kontrolle halten." Funktioniert das? Leider nur selten. Vor Nervosität merken wir oft nicht, was unsere Hände machen. Und außerdem sind wir zu abgelenkt, um sie dauerhaft unter Kontrolle zu halten. Kaum haben wir sie auf der Tischkante „aufgeräumt" und schauen nur eine Sekunde weg – schon verschränken sich die Arme wieder in abweisender Schutzhaltung vor der Brust oder spielen mit irgendetwas. Wenn wir verkrampft sind, verkrampfen auch unsere Hände. Wenn wir dagegen locker sind, sind auch unsere Hände locker. Sind Ihre Hände etwa außerhalb des Chefbüros flatterig? Sicher nicht. In jeder ungezwungenen Situation benehmen sich unsere Hände auch ungezwungen. Das heißt, Sie müssen die richtige

Gestik in brenzligen Situationen gar nicht lernen – Sie beherrschen sie schon! Sie müssen sie lediglich von der einen Situation auf die andere übertragen. Das ist einfacher, als Sie denken.

Stellen Sie sich vor: Lockere Hände

Wenn wir locker sind, sind auch unsere Hände locker. Erinnern Sie sich an eine ungezwungene Situation unter Kollegen oder im Kreis der Familie. Eine hierarchiefreie Situation, in der kein Vorgesetzter präsent war. Eine Situation, die aber auch nicht so locker war, dass Sie ungeniert herumflegeln konnten.

In dieser ungezwungenen Situation waren Sie gelöst und sicher. Versetzen Sie sich geistig nochmals in diese Situation hinein. Was machten Ihre Hände? Wie hielten Sie sie? Was taten Sie damit? Erleben Sie die Situation nochmals nach, achten Sie auf die natürliche Haltung Ihres Körpers und auf die vielen kleinen Gesten, mit denen Sie ganz unbewusst Ihre Äußerungen begleiteten und unterstrichen. Holen Sie sich diese Gesten aus dem Unbewussten hinein ins Bewusstsein. Sie werden vielleicht erstaunt sein, wie lebhaft Ihre Hände sprechen können. Wie sie Ihre Worte verstärken, Zustimmung signalisieren, stumme Kommentare geben… Und so ungezwungen könnten Sie auch in Stresssituationen gestikulieren. Damit es auch in Stresssituationen funktioniert, üben Sie Ihr eben entdecktes Gestenrepertoire einfach vor dem besten Freund einer wirkungsvollen Körpersprache: dem Spiegel.

Übung: Lockere Gestik

Wenn die Erinnerung an die ungezwungene Situation mit ihrer lockeren Gestik wie ein Videoband vor Ihrem geistigen Auge abläuft, dann können Sie dieses Gesten-Repertoire üben, damit es sich einprägt. Stehen Sie einfach vor dem Spiegel und spielen Sie die Situation noch einmal durch; verbal und nonverbal. Sprechen Sie also das, was Sie damals auch gesprochen haben und machen Sie die gleichen Handbewegungen.

Viele Menschen üben nicht vor dem Spiegel, sie üben vor der Videokamera, die heute in vielen Haushalten vorhanden ist. Ihr großer Vorteil: Man kann sich besser konzentrieren, ohne dass man sich ständig selbst beobachten muss. Das Beobachten der eigenen Wirkung folgt dann hinterher.

Spielen Sie die lockere Situation ruhig so oft durch, bis Sie sich sicher fühlen. Dann wechseln Sie das Thema. Suchen Sie sich ein Thema aus, über das Sie mit Ihrem Chef relativ locker reden können. Reden Sie vor dem Spiegel so, wie Sie mit Ihrem Chef reden würden. Achten Sie wieder auf Ihre Gestik. Sie werden bemerken, dass Sie aus der lockeren Situation heraus viele Handbewegungen ganz automatisch in das neue Thema hineinnehmen. Spielen Sie diese Chef-Situation so lange durch, bis Sie mit Blickkontakt, Körperhaltung und Handbewegungen zufrieden sind. Das ist keine langwierige Arbeit. Meist ist das in wenigen Minuten erledigt.

Wenn Sie sich bei diesem leichten Chef-Thema sicher fühlen, gehen Sie eine richtige Stresssituation mit Ihrem Chef an und spielen auch diese durch. Danach sind Sie optimal vorbereitet. So, wie sich Tennisspieler mental auf ein Match vorbereiten, indem sie geistig ihre Schläge und ihre Taktik durchgehen, so haben auch Sie sich mental auf die Stresssituation vorbereitet.

Unsere Hände sind äußerst wirksame Werkzeuge der Kommunikation. Sie unterstreichen, besänftigen, fordern zum Handeln auf oder entwerten unser Gegenüber mit einer *wegwerfenden Handbewegung*. Denken Sie daran, wie eloquente Südländer *mit Händen und Füßen* reden. Eine kluge Handbewegung zur richtigen Zeit wirkt stärker als jedes Argument. Dazu ein Beispiel.

Büroszene: Hände reden

Chef: „Also Frau Meier, das Projekt X läuft viel zu langsam." Frau Meier sitzt da, den Kopf leicht geneigt, und massiert mit dem Zeigefinger ihre Schläfe. Der Chef denkt: „Frau Meier ist hoch konzentriert." Dabei denkt Frau Meier gerade: „. . . wenn er doch nur den Mund halten würde!" Sie hat jedoch ein gutes Buch über Körpersprache gelesen und weiß, wie wichtig Gestik ist. Der Chef weiter: „Erst gestern rief mich der Kunde an und war außer sich über die Verzögerung." Frau Meier nimmt die rechte Hand vor den Mund, Chef registriert: „Ah, sie ist davon so betroffen, wie eine engagierte Sachbearbeiterin es sein sollte." Der Chef macht weiter im Text: „Ich frage mich natürlich, wie wir den Auftrag beschleunigen könnten –" Frau Meier kratzt sich im Nacken, was zwar furchtbar klischeehaft ist, aber dosiert eingesetzt immer wieder wirkt.

Sie können sich leicht vorstellen, dass der Chef von Frau Meier am Ende des Gesprächs denkt: „Die Meier ist wirklich engagiert und denkt mit. Die bringt's noch weit." Obwohl Frau Meier kaum einen Ton gesagt hat! Kein Wunder: Sie weiß, dass Sprache nur 7 % Wirkung erzielt, und ihre Hände sprechen Bände. Richtig eingesetzt, entfalten Hände eine hypnotische Wirkung.

Haben Sie sich jetzt *Schläfe massieren*, *Hand vor Mund* und *Nacken kratzen* als taktische Gesten gemerkt? Tun Sie's nicht. Sie riskieren damit den Schnulzen-Effekt. Ein schlechter Schlagersänger schmettert seine Schnulze; an der Stelle mit „. . . und bricht mein armes Herz" legt er die rechte Hand aufs Herz, seinen Kopf wie ein sterbender Schwan zur Seite und jeder Zuschauer denkt: „Meine Güte, wie einstudiert, unecht und aufgesetzt das wirkt!"

So ist das mit Gesten. Blind etwas einzustudieren, nützt wenig. Das kann daran liegen, dass man die einstudierte Geste zum unpassenden Augenblick einsetzt oder dass die Geste nicht zum Gestikulierenden passt. Wenn beispielsweise ein als knallharter Taktiker bekannter Manager plötzlich die Hand vor den Mund nimmt und Betroffenheit mimt, dann nimmt ihm das keiner ab. Wenn eine brave Sekretärin unvermittelt auf den Tisch haut und sich dabei beinahe die zarte Hand bricht, dann wirkt das zwar entschlossen, aber möglicherweise doch eher komisch, weil die Geste so völlig anders ist als die übrige Körper- und Geisteshaltung der Mitarbeiterin.

Daraus ziehen wir den Schluss: Ein Repertoire illustrativer Handbewegungen ist sehr nützlich,
■ sofern die Gestik zur Situation passt,
■ sofern wir uns damit wohl fühlen und
■ sofern sie zu uns passt.

Gesten müssen zur Person passen, fachlich ausgedrückt: Sie müssen *authentisch* oder *kongruent* sein. Was zu Ihnen passt, finden Sie leicht heraus: Kramen Sie eine Alltagssituation aus Ihrem Gedächtnis hervor, spielen Sie sie nach und beobachten Sie Ihre Gestik vor dem Spiegel: Das sind die Gesten, die zu Ihnen passen. Wir haben ein feines Gespür für Dinge, die nicht zu uns oder zur Situation passen oder bei denen wir uns unwohl fühlen. Vertrauen Sie diesem Gespür und geben Sie sich entsprechend.

Verwenden Sie im Büroalltag und in brenzligen Situationen nur jene Gesten, die Sie privat auch gebrauchen und bei denen Sie sich wohl fühlen. *Schauspielern lohnt nicht.* Es wirkt aufgesetzt und wir fühlen uns unbehaglich dabei. Wenn Sie die Gestik, die Sie im Alltag einsetzen, halbwegs in die Bürosituation übertragen, ist das Wirkung genug.

Die Mimik:
Ein Gesicht spricht Bände

Nach diesem etwas längeren Ausflug in die Gestik wenden wir uns jetzt der vierten Vokabel der Körpersprache zu, der Mimik. Wie entscheidend der Gesichtsausdruck für die Körpersprache ist, sagt schon Akira Kurosawa, der japanische Starregisseur: „Ein lächelnder Mensch ist immer schön." Es gibt unzählige Möglichkeiten, mit seinem Gesicht Signale zu geben – Backen aufblasen, Stirn runzeln, ein Auge zukneifen –, aber keine kann das Lächeln übertreffen. Wer nur lange und überzeugend genug lächelt, besänftigt den lautesten Boss, bringt die unfreundlichste Verkäuferin zum Aufblühen und fühlt sich selbst gleich viel besser. Für den ersten Eindruck ist der Blickkontakt entscheidend. Wenn Sie einen positiven Eindruck machen wollen, lächeln Sie dabei. Wenn Sie ein Hühnchen zu rupfen haben, schalten Sie Ihr Lächeln vorher aus.

Manche Menschen haben ein natürliches Lächeln, das sich unbewusst einschaltet und ihnen alle Türen öffnet. Die meisten von uns müssen erst wieder lernen, das Lächeln als Mittel der Kommunikation einzusetzen. Achten Sie einmal darauf, wie oft Sie lächeln, wen Sie anlächeln und in welcher Situation. Bei welchen Gelegenheiten würde Sie ein taktisches Lächeln weiterbringen? Probieren Sie es aus. Setzen Sie Ihr Lächeln bewusst ein. Es ist eines Ihrer stärksten Signale.

Das gilt leider auch umgekehrt. Wer nicht bewusst auf seine Mimik achtet, dem spielt sie unbewusst oft einen Streich. Eine Sachbearbeiterin fand jahrelang in ihrer Leistungsbeurteilung Wendungen wie „ist zu negativ eingestellt", „wertet Vorschläge immer ab". Sie konnte das nicht begreifen – und ihre beurteilenden Vorgesetzten ebenfalls nicht –, weil alle Beteiligten nicht viel von Körpersprache verstanden. Bis eine Kollegin ihr irgendwann einmal sagte: „Was ist? Warum bist du gegen meinen Vorschlag?" „Ich bin doch nicht dagegen! Ich höre dir bloß zu!" „Und warum runzelst du dann dauernd so abfällig die Stirn?" Da fielen ihr sämtliche Schuppen von den Augen. Immer wenn sie hoch konzentriert zuhörte, kräuselte sich ihre Stirn und die Partner wurden sauer.

Wenn man es weiß, können solche Fehlsignale abgestellt werden. Das Problem ist, dass man es meist nicht weiß. Wissen Sie's? Wissen Sie, was Ihr Gesicht signalisiert, wenn Sie zuhören und reden, den Gang entlanggehen oder in der Kantinenschlange stehen? Vielleicht sind die Signale gar nicht so negativ und vielleicht kommt es in den meisten Situationen nicht sehr darauf an – aber in entscheidenden Situationen sollten wir uns immer fragen: Was sagt gerade mein Gesicht über mich? Ideal wäre natürlich, wenn Sie sich selbst mit einer Videokamera beobachten könnten. Oder fragen Sie einen Vertrauten, einen guten Freund oder den Partner. Meist ist der Partner ein guter Beobachter: „Hör doch auf, an der Lippe zu kauen, wenn du Kreuzworträtsel machst, das finde ich eklig." „Was? Wie? Ist mir gar nicht aufgefallen, mache ich ganz unbewusst, danke für den Hinweis." Fortgeschrittene setzen die Mimik mit einer Virtuosität ein, die atemberaubend ist. Es gibt Berater, Coaches oder gute Verkäufer, die nur mit ihrem Gesicht ihren Klienten die Geschichte ihres Lebens entlocken. Dazu ein Beispiel.

Büroszene: Hochleistungshören

Der Verkäufer eines Drahtherstellers sitzt dem leitenden Ingenieur einer Kabelfabrik gegenüber. Bemerkenswert ist, dass der Verkäufer nur eine Frage stellt: „Sagen Sie mal, spüren Sie auch den Druck der US-Firmen, die in den neuen Euro-Währungsraum eindringen?" „Pff, darauf können Sie wetten. Die machen uns das Leben zur Hölle." Der Verkäufer macht große, fragende Augen. „Ja, ist doch klar, die machen die Preise kaputt!" Verkäufer schüttelt missbilligend den Kopf und kneift die Lippen zusammen. „Aber denen zeigen wir's. Das wäre ja gelacht." Verkäufer lächelt aufmunternd…

So geht das einige Minuten. Das Tollste kommt zum Schluss. Der Ingenieur sagt: „Sie sind nicht wie die üblichen Verkäufer. Mit Ihnen kann man wie mit einem Ingenieur reden." Dabei hat der Verkäufer keinen Mucks gesagt! Das braucht er auch nicht: 55 Prozent machen einen tieferen Eindruck als 7 Prozent. Der Ingenieur hat nur auf die Mimik seines Gegenübers *gehört*. Die Sprache wäre sowieso untergegangen, also lässt sie der erfahrene Verkäufer gleich unter den Tisch fallen. Es bedarf keiner besonderen Erwähnung, dass der Verkäufer weit mehr verkauft als seine Kollegen.

Die Stimme: 38 % der Wirkung

Wer jemals Lee Marvin, James Earl Jones, Ella Fitzgerald oder Mariah Carey gehört hat, weiß, woher die 38 Prozent Wirkung der Stimmqualität (siehe Seite 24) kommen. Die Werbewirtschaft zum Beispiel weiß es. Sie lässt Zigaretten- und Bierwerbung immer von sonoren, tremolierenden Bassstimmen sprechen. Ein satter Bass wirkt eben. Viele Frauen bemühen sich um eine rauchige „Schlafzimmerstimme". Wenn Männer besonders wichtig erscheinen wollen, klettern sie stimmlich in die Basslage hinab. Besonders am Telefon kann eine gute Stimme über Erfolg und Misserfolg entscheiden. Das wissen auch die Telefonmarketing-Agenturen. Seine eigene Telefonstimme zu trainieren, ist nicht schwer. Ich kenne einige Angestellte, an deren Telefon ein Zettel klebt: *Tiefe Stimme!*

Leider ist der Beeinflussung der Stimmqualität eine enge Grenze gesetzt. Ein heller Sopran wird auch bei bestem Training nicht zum rumpelnden Tenor, ohne dass die Stimmbänder Schaden nehmen. Wenn Sie zu den Menschen mit einer zu leisen oder zu hohen Stimme gehören oder immer dann einen kurzen Atem bekommen, wenn Sie reden sollen, dann unternehmen Sie etwas dagegen. Egal, ob Sie für sich trainieren oder sich von einem Rhetorik- oder Stimmtrainer trainieren lassen: Unternehmen Sie etwas! Zwar ist eine sonore Stimme nicht so entscheidend wie eine gewinnende Körperhaltung. Aber wenn die Stimme stark „daneben" ist, dann achtet Ihr Gegenüber nicht mehr auf Ihre gewinnende Körperhaltung, sondern nur noch auf die ihm lästig und störend erscheinende Stimme.

Wir wollen die vier wesentlichen Faktoren der Stimmqualität näher betrachten:

- Stimmhöhe
- Sprechtempo
- Sprachmelodie
- Lächeln in der Stimme

Zur *Stimmhöhe* haben wir schon einen Punkt notiert: *Bass kommt an*. Achten Sie einmal darauf, wie Ihre Stimme am Telefon oder in Stresssituationen nach oben geht. Das signalisiert Unsicherheit. Logisch, Sie sind ja auch unsicher, wenn Sie Stress haben! Aber auch hier gilt das Umkehrprinzip: Der Geist steuert den Körper – der Körper steuert den Geist. Einen gestressten Geist können wir über eine bewusst auf die Normalstimmlage zurückgeführte Stimme auch wieder zur Ruhe und Besonnenheit zurückführen. Versuchen Sie's mal! Wenn Sie in der Körpersprache schon relativ weit forgeschritten sind, dann können Sie den „Ausrutscher" in die höhere Tonlage natürlich auch bewusst einsetzen. Der Gesprächspartner wird dann sofort hellhörig: Gefahr im Verzug!

Das *Sprechtempo* ist kein besonders schwieriges Thema, solange wir in der üblichen Bandbreite bleiben. Aber sicher kennen Sie auch einige Kolleginnen, die 5000 Worte in der Minute quasseln oder die wie ein Leierkasten dahinleiern. Sobald man aus dem Üblichen ausbricht, wird es kritisch. Es sei denn, Sie setzen die beiden Extreme bewusst ein. Betont langsames, aber trotzdem flüssiges Sprechen kann je nach Situation signalisieren:

- Das Gesagte ist sehr wichtig!
- Ich halte euch für geistig etwas zurückgeblieben.
- Ich habe eine Eselsgeduld mit euch.
- Ich bin wichtig!

Betont schnelles Sprechen – wenn man's beherrscht und sich nicht verhaspelt – signalisiert je nach Situation:

- Was ich alles weiß! Ich beherrsche das Thema!
- Ich bin kompetent!
- Ich lasse keinen Widerspruch zu!
- Ich bin in Eile.

Für einen überzeugenden Auftritt sollten Sie wissen, wie sich Ihr Sprechtempo unwillkürlich bei Stress verändert. Fangen Sie an zu stocken und zu leiern? Oder gehen Ihnen die Gäule durch und Sie werden immer schneller? Beides signalisiert Unsicherheit. Beides können Sie mit dem Umkehrprinzip, einer achtsamen Selbstbeobachtung und etwas Geduld zu Ihrem Vorteil wenden.

Fortgeschrittene in der Kunst der nonverbalen Kommunikation setzen die beiden Tempi auch gegengleich ein. Wenn einer meint, er könne mit einem Tempoangriff den anderen überrumpeln, dann kontert der Erfahrene, indem er gaaanz laangsam reedet. Da der „Angreifer" meist *unreflektiert* schnell redet, setzt sich der „Konterspieler" durch, weil er sich in Körpersprache auskennt und die Kontertechnik *bewusst* einsetzt.

Wichtig ist, dass Sie Ihr Sprachtempo der jeweiligen Situation und der jeweiligen Zielgruppe anpassen. Wenn Ihr Gegenüber noch unerfahren im Thema ist, dann sollten Sie natürlich langsamer reden. Achten Sie stets auf den Tachometer der Sprechgeschwindigkeit: das Gesicht Ihres Gegenübers. Wenn die Menschen die Stirn runzeln und den Mund verkneifen, dann kann es daran liegen, dass sie Ihnen nicht mehr folgen können. Treten Sie auf die Sprechbremse.

Auch die *Sprachmelodie* macht Probleme, wenn man in Extreme verfällt. Wenn man monoton dröhnt oder beispielsweise an jedem Satzende – egal, ob Fragesatz oder Aussage – ständig die Stimme in die Höhe nimmt. Das nervt. Wenn Sie den Verdacht haben, dass Ihnen hier unbewusst Ausrutscher passieren, sollten Sie verstärkt darauf achten. Meist bringt einen schon die Selbstbeobachtung weiter. Normalerweise geht die Sprachmelodie an jedem Satzende herunter; außer beim Fragesatz, da geht sie nach oben. Das Problem ist: Wenn man nicht darauf achtet, nimmt die Bandbreite der Stimmlage immer mehr ab. Meist bewegt man sich auf einer einzigen Tonhöhe. Das ist schade, denn eine Äußerung, bei der sich die Satzmelodie am Ende senkt, klingt beruhigend, kompetent und sicher. Versuchen Sie's mal: „Ich würde das nicht tun." (Melodie auf einer Tonhöhe.) „Ich würde das nicht tun." (Melodie geht am Satzende nach unten.) Die zweite Version klingt überzeugender, oder?

Und noch ein Wort zum *Lächeln* als Faktor der Stimmqualität. Dass man am Telefon lächeln soll, hat sich schon herumgesprochen. Die Telefontrainer sagen: „Wer nicht lächelt, sollte gar nicht erst zum Hörer greifen!" Haben

Sie das auch schon bemerkt? Sie können sofort sagen, ob ein Anrufer gerade lächelt, wenn er mit Ihnen spricht, oder ob es ihn einige Überwindung kostet, mit ihnen zu telefonieren. Das Lächeln ist vor allem bei der Nennung Ihres Namens wichtig: „Meier, Hauswarenabteilung!" Wir melden uns täglich so oft am Telefon, dass es nur noch wie ein Bellen klingt. Kein Problem, wenn uns der Anrufer sowieso egal ist. Wenn wir aber am Telefon verkaufen, beraten oder Kontakte akquirieren sollen, ist die Bellerei geschäftsschädigend.

Eine kleine Atempause: Wie man trainiert

Vielleicht brummt Ihnen jetzt der Kopf. Dass die Körpersprache so viele Vokabeln und Redewendungen hat, hätten Sie sich nicht träumen lassen. Was man alles beachten muss! Keine Panik, es wird nichts so heiß gegessen wie gekocht. Nehmen Sie Tennis, Ski fahren oder jede andere Sportart, jedes Gesellschaftsspiel und jedes andere Hobby! Überall gibt es tausend Regeln, Kniffe, Taktiken und Spielzüge, an die man denken soll. Und immer fühlt man sich zuerst etwas überfordert. Das ist normal. Dann beginnt man einfach mit ein paar leichten Zügen. Am Anfang fühlt man sich unsicher und drittklassig. Aber mit jeder neuen Partie wird es besser: Übung macht den Meister.

Menschen, die ihre Körpersprache überzeugend gestalten, sagen meist:
- „Ich habe mit jenen Körpersprache-Vokabeln angefangen, die mir am meisten Spaß machten."
- „Ich habe zunächst die Körpersignale abgestellt, die mich am meisten behinderten."
- „Ich begann plötzlich darauf zu achten, was ich eigentlich mit Händen, Haltung und Gesicht mache, wenn ich rede oder zuhöre."
- „Ich lächle jetzt viel öfter – und es wirkt!"

Jede Äußerung beschreibt eine mögliche Lernstrategie. Wer sich jenen Anfangspunkt herauspickt, der ihm am meisten liegt, kommt am weitesten. Und wenn man einmal irgendwo begonnen hat, kommt man meist auch zu den restlichen Vokabeln. Denn in der Körpersprache hängt eines mit dem anderen zusammen. Wichtig ist, dass Sie herausfinden, wo Sie am liebsten anfangen wollen, und dann einfach beobachten, was daraus wird.

Die Kleidung: Kleider machen Leute?

Kleider machen Leute, sagt das Sprichwort und bis zu einem gewissen Grad trifft das zu. Ein stattlicher Mann im marineblauen Zweireiher macht auf den ersten Blick doch einiges her. Deshalb wollen wir die Wirkung der Kleidung, Frisur und des Make-ups auch in einer besonders heiklen Situation betrachten: bei der Bewerbung (siehe Seite 39). Tatsächlich werden Leute eben nur bis zu einem gewissen Grad von Kleidern gemacht. Wenn der Mensch im blauen Zweireiher nervös mit seiner Cartier-Uhr spielt, dann geht der Effekt der Kleidung sehr schnell flöten: Seine Gestik entlarvt seine Unsicherheit. Dass es sehr viel wirkungsvollere Vokabeln der Körpersprache gibt als die Kleidung, illustriert auch eine Anekdote aus dem letzten Weltkrieg. Als in ein Lager der Alliierten mitten in der Nacht eine Bombe einschlug und die Gebäude Feuer fingen, konnten viele nur noch die nackte Haut retten. Für einen britischen Offizier galt das buchstäblich: Er ließ seine Kompanie antreten, während er selbst nur mit Unterwäsche bekleidet war. Ein französischer Offizier sagte ihm hinterher: „Das hätte bei uns nie funktioniert. Meine Soldaten hätten sich vor Lachen gebogen." Worauf der Brite antwortete: „Ein britischer Offizier ist mehr als seine Uniform. Wer seine Truppe nicht auch in Unterwäsche befehligen kann, ist kein Offizier ihrer Majestät." Kleidung wirkt, aber wirkungsvoller ist die innere Haltung, die sich in Mimik, Gestik und Körperhaltung widerspiegelt.

Die Distanzzonen

Vielleicht haben Sie von dieser letzten Vokabel in unserem Vokabular der Körpersprache noch nichts *gehört – erleben* können Sie ihre Effekte jedoch fast täglich. Wenn Sie beispielsweise an einem Haus mit Hund vorbeigehen, bellt er höchstwahrscheinlich. Der Hund zählt den Gehweg vor *seinem* Haus zu seinem Territorium. Auch Löwen wahren ihr Territorium, deshalb hat der Dompteur lange Stöcke. Solange er auf Stockweite bleibt, pariert der Löwe. Sobald er aber näher herankommt, faucht der Löwe: Der Dompteur ist in seine Distanzzone eingedrungen. Auch Menschen haben Distanzzonen. Denken Sie ans Kino oder ans Theater: Wir setzen uns meist so, dass bis zum nächsten Sitznachbarn noch mindestens ein Sitz frei bleibt. Wir mögen es nicht, wenn sich jemand direkt neben uns setzt, das ist ein Einbruch in unsere Distanzzone.

Aus wissenschaftlichen Beobachtungen wissen wir, dass der Mensch vier Distanzzonen unterscheidet:
- die *Intimzone:* Sie reicht vom direkten Körperkontakt bis zu 60 cm Entfernung. 60 cm sind ungefähr Armlänge. Innerhalb der Reichweite unserer Fäuste dulden wir nur Familienangehörige, enge Freunde und Partner.

Und Menschen mit besonderer Erlaubnis: die Friseurin, den Arzt, manchmal den Tennislehrer . . .

- Die *Dialogzone:* 60 bis 120 cm. In dieser Zone sprechen wir mit Menschen, die wir als gleichrangige Partner akzeptieren. Nette Kolleginnen, Vereinsgenossen, Stammtischbrüder, Freundinnen . . .
- Die *Respektzone:* 120 cm bis 2 Meter. In dieser Zone sprechen wir mit Höherrangigen wie dem Chef. Wir halten sie uns weiter vom Leib, lassen sie nicht so nah an uns heran wie Gleichrangige.
- Die *Publikumszone:* 2 Meter und mehr. Unser Publikum – etwa bei öffentlichen Reden – befindet sich in dieser Distanz.

Das Bemerkenswerte an den Distanzzonen ist nicht so sehr, dass es sie gibt, sondern was sie bewirken. Bricht nämlich jemand in eine Distanzzone ein, für die er keine Erlaubnis hat, dann reagieren wir mit Kampf oder Flucht (Fight or Flight). Wenn beispielsweise der Chef einen am Arm fasst, dann zucken wir zurück (Flucht). Das darf er nicht, er hat nur Erlaubnis für die Respektzone, nicht für die intime Zone. Wenn sich dagegen ein Kollege den Übergriff erlaubt, schlagen wir möglicherweise zurück

(Kampf): „He, was fällt dir ein? Lass mich gefälligst los!" Der Angriff auf eine Distanzzone zählt zum Explosivsten, was das Arsenal der aggressiven Körpersignale zu bieten hat. Deshalb schauen wir uns den Einsatz des Distanzzonen-Angriffs und seine Abwehr beim Thema Mobbing (siehe Seite 68) ganz genau an.

Das Geheimnis des Erfolgs: Der Halo-Effekt

Sobald Sie auch nur Details an Ihrem Blickkontakt, Ihrer Körperhaltung, Ihrer Gestik und Ihrer Mimik ändern, werden Sie erstaunt sein über die veränderten Reaktionen, die Sie auslösen. Sie werden bemerken, dass Sie anders behandelt werden, wenn Sie aufrecht und mit freiem Blick durchs Leben gehen. Das ist das Geheimnis des Erfolgs: *Wir werden so behandelt, wie wir wirken.* Eigentlich ist das verrückt. Wir sind immer noch genauso fachkompetent, leistungsfähig und haben immer noch denselben Intelligenzquotienten – aber plötzlich behandelt uns jeder, als seien wir etwas Besseres. Viele Studien haben diesen seltsamen Effekt bestätigt: Menschen halten sympathische Menschen für intelligenter, kompetenter und vertrauenswürdiger als unsympathische Menschen. Man nennt dieses bemerkenswerte Phänomen den *Halo-Effekt.* Auf Englisch bedeutet *halo* (*hej-lou* gesprochen) Heiligenschein oder Lichthof. Der Halo-

Effekt besagt: *Das Sympathische an einem Menschen strahlt auf seine übrigen Eigenschaften aus.* Ein US-Forscher formulierte das etwas flapsig einmal so: „Nur durch ein Lächeln können Sie Ihren Intelligenzquotienten um 20 Punkte steigern" – wenigstens in den Augen Ihrer Umwelt.

Wenn es für die berufliche Karriere also entscheidend ist, wie ich auf andere wirke, müssen Sie Ihre Wirkung auf andere kennen. Eine wirkungsvolle Körpersprache erreichen Sie nicht so sehr durch das Einstudieren bestimmter Bewegungen und Haltungen – das kann sehr schnell gekünstelt wirken, auch wenn es Ihnen am Anfang hilft. Eine überzeugende Körpersprache bekommen Sie in dem Maße, wie Sie Ihre Wirkung auf andere wahrnehmen und entsprechend korrigieren können. Lernen Sie, Ihre eigene Körpersprache zu deuten – und zwar aus dem Blickwinkel Ihres Gegenübers. Fragen Sie sich in jeder Situation, in der Sie überzeugen wollen: Wie wirkt das, was ich tue, auf andere? Was liest mein Gegenüber in meine stummen Signale hinein? Ich bin einfach nur nervös, aber liest mein Chef etwa Unehrlichkeit hinein, weil heute eine Panne passiert ist und er noch einen Sündenbock sucht? Wer seine eigene Wirkung auf andere einschätzen kann, beherrscht die wichtigste Lektion der erfolgreichen Körpersprache.

Aber wie wirken wir auf andere? Diese Frage ist nicht leicht zu beantworten.

Wir meinen zwar meist, dass wir unsere Wirkung auf andere recht gut einschätzen können, doch oft täuschen wir uns dabei eklatant. Ein Gruppenleiter eines Elektrokonzerns gestand mir in einer Beratung einmal ganz zerknirscht, dass er nicht befördert worden war, weil er „zu leise" auftrete, wie sein Vorgesetzter es ausdrückte. „Das wusste ich nicht!", meinte er. „Das hat mir vorher keiner gesagt! Ich hielt mich immer für sachlich und konstruktiv. Dass das als Leisetreterei rüberkommt, konnte ich doch nicht ahnen!" Der Gruppenleiter hat in wenigen schmerzhaften Minuten seines Lebens zwei wesentliche Aspekte seiner Wirkung auf Menschen erfahren:

- Wie wir uns selbst sehen, stimmt oft nicht mit dem überein, wie wir auf andere wirken.
- Oft bemerken wir diesen blinden Fleck in unserer Selbsteinschätzung erst, wenn es zu spät ist.

Dass wir den blinden Fleck oft erst bemerken, wenn es schon zu spät ist, heißt nicht, dass wir ihn nicht hätten früher bemerken können. Im Gespräch, das ich mit dem Gruppenleiter führte, stellte sich nämlich heraus, dass sein Chef schon früher vereinzelt Bemerkungen fallen ließ wie: „Müller, nun hauen Sie in Ihrer Gruppe aber mal auf den Tisch!" Oder: „Haben Sie eigentlich einen Debattierclub oder eine Fertigungsgruppe?" Der Gruppenleiter hatte dieses wertvolle Feedback über seine Wirkung auf andere aber entweder nicht verstanden, nicht zu analysieren versucht oder schlicht verdrängt. Wir wollen aus seinem Fehler lernen: *Achten Sie auf Feed-back, wann und in welcher Form auch immer Sie es bekommen.*

Die Frage „Wie wirken wir auf andere?" ist also leicht zu beantworten: Die anderen sagen es uns! Sie sagen es uns zwar selten in dieser Form: „Sie wirken auf mich wie . . ." Aber sie deuten es an, meist in kritischen Momenten unseres Lebens. Beispielsweise unser Partner: „Zum Kuckuck noch mal, musst du beim Frühstück immer so abwesend sein?" Oder unser Kollege: „Du, neben dir bekomme ich kaum noch Luft." Oder unsere Kinder: „Wann bist du denn wieder mal für uns da?" Wenn wir auf diese Rückmeldungen achten, sie analysieren und möglicherweise hinterfragen – „Wie meinst du das jetzt? Lasse ich dir zu wenig Freiraum?" – dann bekommen wir sehr schnell heraus, wie wir auf andere wirken. Noch ein Tipp: Fragen Sie doch einfach mal einen Kollegen, wie Sie beispielsweise in einer Besprechung gewirkt haben. Aber sagen Sie ihm, dass Sie kein Kompliment hören wollen, sondern seine ehrliche Meinung, da Sie sich verbessern wollen. Erschrecken Sie dann aber auch nicht, wenn er Sie beim Wort nimmt. Je stärker Ihr Selbstbild von seinem Fremdbild abweicht, desto erstaunter werden Sie nämlich über sein Feedback sein. Sie sollten deshalb nicht unbedingt den Kollegen mit der spitzesten Zunge fragen.

Die anderen sagen uns nicht nur *hinterher,* wie wir auf sie gewirkt haben, sie sagen es uns sogar noch *während* wir mit ihnen reden. Manchmal sagen sie es in Worten, meist aber mit ihrer Körpersprache. Wie Sie auf andere wirken, können Sie an der Körpersprache Ihres Gegenübers ablesen, wenn Sie sich folgende Fragen stellen:

Fragebogen:
Wie wirke ich auf andere?

Stellen Sie sich bei Gesprächen und Begegnungen immer wieder die eine oder andere der folgenden Fragen. Sie helfen Ihnen, Ihre Wirkung auf andere einzuschätzen:

■ *Bemerke ich überhaupt die Körpersprache meines Gegenübers?*
Wenn nein, dann kann es daran liegen, dass Sie keinen Blickkontakt haben und Ihnen schon deshalb kein überzeugender Auftritt gelingt. Der Blickkontakt ist jedoch entscheidend.

■ *Lächelt mein Gegenüber?*
Ein entspanntes Gegenüber lächelt. Tut es das nicht, kann es am Ärger mit seiner Frau/ihrem Mann liegen, es kann aber auch an Ihnen liegen: Sie wirken nicht. Selbst wenn Ihr Gegenüber Ärger mit dem Partner hat, kön-

nen Sie ein Lächeln auf sein Gesicht zaubern. Wie? Indem Sie selbst lächeln! Eine alte chinesische Weisheit sagt: „Triffst du einen Menschen ohne Lächeln, dann leih ihm deines!" Menschen tendieren dazu, das zu spiegeln, was der Gesprächspartner vormacht. Wenn ein Mensch aber lächelt, ist Ihr Auftritt gelungen, weil Ihr Gegenüber sein gutes Gefühl nachher auf die Bewertung des Gesprächs überträgt: „Der Meier ist eigentlich ganz kompetent." Das ist der Halo-Effekt.

■ *Was machen die Augen? Wandern sie immer wieder auf meine Hände?*
Dann stimmt irgendetwas nicht mit Ihren Händen. Sie lenken vom Gespräch ab, weil sie möglicherweise herumflattern oder nervös herumspielen.

■ *Wandern die Augen in der Gegend herum, statt sich auf mich zu konzentrieren?*
Das kann daran liegen, dass Ihr Gesprächspartner ein extravertierter Mensch ist. Extravertierte müssen immer alles mitbekommen, was in der Umgebung passiert. Das ist nicht unhöflich gemeint und hat auch nichts mit Ihrer Wirkung auf ihn zu tun. Es könnte aber auch sein, dass Sie dasitzen wie eine Mumie. Sie wirken so wenig, dass das Auge fesselndere Orientierungspunkte im Raum sucht. Stellen Sie Blickkontakt her, lächeln Sie, nehmen Sie eine offene Körperhaltung ein und unterstützen Sie das

Gespräch mit einigen belebenden Handbewegungen. So fangen Sie die Aufmerksamkeit des Gegenübers ein. Irrt sein Blick dann immer noch umher, liegt es nicht an Ihrer Wirkung.

■ *Nimmt mein Gegenüber eine geschlossene Körperhaltung ein?*
Er verschränkt also die Arme, dreht sich halb von Ihnen weg oder hält seine Unterlagen wie einen Schutzschild vor sich. Dann ist er entweder verärgert oder verunsichert. Achten Sie darauf, dass Sie gerade diese Haltung nicht spiegeln; dadurch würde die Spannung eskalieren. Nehmen Sie eine offene Körperhaltung ein, halten Sie das Lächeln auf Ihrem Gesicht und bewegen Sie Ihre Hände gemächlich und besänftigend – wie ein guter Dirigent beim Adagio. Meist öffnet das Ihren Gesprächspartner. Es ist jedenfalls besser, als die Situation durch eine geschlossene Körperhaltung und einen grimmigen Blick zuzuspitzen.

■ *Weicht mein Gegenüber vor mir zurück oder verkriecht sich sozusagen in seine Büroecke?*
Ihr Gegenüber geht auf Distanz, Sie wirken zu stark. Vielleicht ist Ihnen das Lächeln verrutscht und Sie fixieren ihn jetzt nur noch kalt. Oder Ihre Hände machen zu viel Wind. Oder Sie kommen ihm einfach zu nahe: Haben Sie seine Distanzzone verletzt? Machen Sie nicht den beliebten Fehler, die Distanz verringern zu wollen,

dann geht Ihr Auftritt völlig baden. Lassen Sie ihm seine Distanz und achten Sie besonders auf ein entwaffnendes Lächeln, eine offene Körperhaltung und nur moderate Handbewegungen, um ihn nicht noch mehr einzuschüchtern.

Wenn Ihr Gegenüber also lächelnd, mit Blickkontakt, offener Körperhaltung und entspannter Gestik vor Ihnen steht oder sitzt, erzielen Sie eine positive Wirkung auf es. Und das sollte Ihr Ziel zumindest bei den wichtigen Begegnungen in Ihrem Leben sein. Einer meiner Seminarteilnehmer erzählte mir dazu: „Ich tue alles, was Sie mir beigebracht haben. Aber unsere neue Teamsekretärin habe ich in zwei Monaten noch nicht ein einziges Mal zum Lächeln gebracht. Stimmt etwas nicht mit meiner Wirkung?" Darauf antwortete einer seiner Kollegen: „Du hast noch Glück. Bei dir ist sie ganz manierlich. Mir kratzt sie immer fast die Augen aus." Möglicherweise werden unsere Bemühungen um einen wirkungsvollen Auftritt nicht immer mit einem befreit lächelnden Gegenüber belohnt. Aber zumindest ist ein wirkungsvoller Auftritt besser, als überhaupt nicht auf den Auftritt zu achten und sich die Augen auskratzen zu lassen.

Warum es uns so schwer fällt

Sie haben auf den zurückliegenden Seiten viele Tipps für einen überzeugenden Auftritt kennen gelernt. Glauben Sie, dass Sie mit diesen Tipps Ihre Wirkung auf andere besser einschätzen können? Ich könnte mir vorstellen, dass Ihnen die Umsetzung einiger Hinweise schwer fällt. Es kostet sicher Überwindung, einen Kollegen zu fragen: „Du, wie habe ich eben im Meeting gewirkt?" Es fällt uns umso schwerer, je stärker unser Eigenbild vom Fremdbild abweicht. Wir alle sehen uns gerne als überzeugend, wichtig und bedeutsam. Dass wir es oft genug nicht sind, möchten wir nicht unbedingt auch noch ins Gesicht gesagt bekommen. Mit der Verdrängung der Wahrheit versuchen wir, unser Selbstwertgefühl zu schützen. Andererseits ist diese Beschäftigung mit unseren geheimen Schwächen auch eine Riesenchance. Eine Projektassistentin sagte mir: „Zuerst war ich schockiert, als mir ein Kollege sagte, dass ich auf ihn immer schon hochnäsig und distanziert gewirkt habe. Seit ich sein Feedback aber akzeptiert habe, bin ich ein anderer Mensch geworden. Ich bemühe mich um Nähe und Offenheit im Team. Letzten Monat bin ich zur Teamsprecherin gewählt worden! Das wäre mir früher nie passiert."

Vielleicht sagen Sie auch: „Es fällt mir nicht ein, nur wegen des äußeren Eindrucks für andere zu schauspielern.

Für mich zählen die inneren Werte einer Person. Lieber bin ich nicht so erfolgreich, bleibe dafür aber ehrlich." Eine noble Einstellung. Doch haben Sie dabei auch an sich selbst gedacht? Fühlen Sie sich besser, wenn Sie nicht lächeln? Wenn Sie den Blick anderer meiden? Wenn Sie verkrümmt wie ein Fragezeichen hinter Ihrem Schreibtisch versinken? Wenn Sie unfreundliche Chefs und Mobbingattacken klein und hilflos leidend über sich ergehen lassen? Sicher nicht. Das ist das Schöne an einer überzeugenden Körpersprache: Sie nützt zwar auch unserem äußeren Eindruck, aber sie nützt noch viel mehr uns selbst. Wer lächelt, fühlt sich wohler. Jedes Lächeln löst eine Serotonin-Ausschüttung aus, das ist das körpereigene Wohlfühl-Hormon. Wer anderen ins Auge blickt, lässt sich nicht länger herumschubsen. Wer aufrecht durchs Leben geht, hat weniger unter Anfechtungen zu leiden. Ein überzeugender Auftritt tut uns einfach gut und macht uns das Leben leichter – mit Schauspielern hat das alles nichts zu tun. *Schauspielern tut man für andere, sicher auftreten tut jeder für sich selbst.*

Wenn Sie sich bis hierher durchgearbeitet haben, gönnen Sie sich eine kleine Atempause. Das Grundverständnis für die wesentlichen Instrumente der Körpersprache haben Sie jetzt. Nun wollen wir diese Instrumente auf ganz konkrete, häufig auftretende berufliche Situationen anwenden. Wie wirkt man in der jeweiligen Situation sicher und überzeugend? Wir beginnen mit dem Bewerbungsgespräch.

»Wer nicht lächeln kann,
sollte sich nicht bewerben.«

PETER STRUNZ, PERSONALLEITER

ERFOLGREICHER EINSTIEG: DAS BEWERBUNGSGESPRÄCH

Nicht der Beste macht das Rennen

Bewerbungsgespräche hat man öfter, als einem lieb ist. Die Zeiten sind vorbei, in denen man von der Schule abging, eine Lehre machte und dann im Ausbildungsbetrieb blieb, bis man als Abteilungs- oder Bereichsleiter in Pension ging. Drei- bis viermal im Leben den Arbeitgeber zu wechseln, ist heute keine Seltenheit. Daneben müssen wir Bewerbungsgespräche führen, selbst wenn wir den Job nicht wechseln. Ein Architekt verriet mir: „Ich habe einmal im Quartal quasi ein Bewerbungsgespräch – nämlich dann, wenn sich alle Kollegen um die Betreuung eines interessanten Kunden reißen und unser Chef entscheiden muss, wem er den

Zuschlag gibt." Projektleitern ergeht es bei Projektvergabe ähnlich. Auch wenn im Betrieb oder in der Abteilung eine Aufgabe oder ein Posten vergeben wird, muss man in eigener Sache vorsprechen – wenn man aktiv vorwärts kommen will und nicht passiv abwarten möchte, bis sich etwas zufällig ergibt.

Eigentlich könnte jeder von uns seinen Traumjob haben. Aber viele – und das klingt verrückt – trauen sich nicht, ihn zu wollen. Neulich sagte mir eine Seminarteilnehmerin: „Ich hätte gerne den ausgeschriebenen Job bei der ABC-Bank." „Warum nehmen Sie ihn sich nicht?" „Ach, die suchen jemand mit guten Englischkenntnissen. Ich kann mich grade mal so verständigen. Mit meinen Qualifikationen komme ich da nie rein." Das ist ein Irrtum. Nicht der Bestqualifizierte kriegt den Job. Natürlich sollte man Englisch können, wenn Englisch verlangt wird. Aber wie gut jemand Englisch kann, entscheidet nicht über den Erfolg der Bewerbung. Nicht der Bewerber mit dem besten Englisch bekommt den Posten. Sondern?

Die FAZ fragte 20 Personalleiter von führenden deutschen Unternehmen, was die wichtigste Qualifikation von Bewerbern sei. Was glauben Sie? Abschlussnote? Fachkenntnis? Berufserfahrung? Nein, an erster Stelle stand *selbstsicheres Auftreten*. Der Volksmund sagt auch: „Dem Selbstbewussten stehen alle Türen offen." Das macht durchaus Sinn, wie die Personalleiterin eines mittelgroßen Dienstleisters versichert: „Wenn es einem Bewerber an Fachwissen mangelt, kann er sich das meist relativ schnell aneignen. Wem es aber an Selbstsicherheit und Selbstvertrauen fehlt, dem nützt auch das größte Fachwissen nichts."

Wer also glaubt, den Posten wegen seiner Fachkenntnis und Berufserfahrung schon in der Tasche zu haben, kann durchaus leer ausgehen. Und auch wenn Sie glauben, dass es weitaus kompetentere Bewerber gibt: Sie haben in jedem Fall Chancen, wenn Sie nur überzeugend auftreten. Wie stellt man das an?

Der erste Eindruck zählt

Die meisten Bewerber wissen, dass man beim Bewerbungsgespräch einen *guten Eindruck machen* muss. Aber sie setzen dieses Wissen nicht erfolgreich ein. Sie kleiden sich zwar entsprechend und überlegen dreimal, was sie sagen. Sie haben ihr Haar frisch gestylt und achten auf ihre Manieren. Das ist alles gut gemeint und wirkt auch ein bisschen – aber es wirkt nicht entscheidend. Es kommt nicht so sehr darauf an, dass Sie 40 Minuten lang gute Manieren zeigen: Es kommt darauf an, wie Sie die ersten Minuten meistern, denn der erste Eindruck zählt. Diese Volksweisheit haben Sozialforscher in vielen Studien belegt. Sie fanden heraus, dass dieser Eindruck während weniger Minuten geformt wird. Hier entscheidet sich das Schicksal des Bewerbers. Denn in diesen Minuten schaltet sich ein Bewerbertest ein, der um Jahrhunderte älter ist als jeder wissenschaftliche Einstellungstest und mit größerer Sicherheit funktioniert als jedes Assessment Center: *das menschliche Vorurteil*.

In den ersten Minuten trifft der Mensch sein (Vor)Urteil über einen anderen Menschen – und zwar rein intuitiv. Man fällt ein Pauschalurteil anhand des ersten, flüchtigen Gesamteindrucks: Ist sie elegant? Ist er ordentlich gekleidet? Gepflegt? Dieser grobe Eindruck, der Details weitgehend ignoriert, wird dann automatisch mit den Erfahrungen des Beurteilers verglichen. Hatte der Personalchef beispielsweise in seinem Leben öfter einmal Ärger mit blonden Frauen, dann entgleisen ihm bei der ersten Begegnung mit einer blonden Bewerberin vielleicht die Gesichtszüge: Die Verknüpfung des Eindrucks mit der Erinnerung ist spontan unangenehm. Wer den Grund dafür nicht kennt, denkt vielleicht: „Oje, der hat was gegen mich." Aber das stimmt nicht, nur seine Erinnerung schmerzt ihn. Wer das weiß, kann beruhigt daran gehen, in den nächsten Minuten zu zeigen, dass diese Erinnerung nichts mit einem selber zu tun hat. Ein selbstsicherer Auftritt kann diese Überzeugungsarbeit leisten.

Sozialwissenschaftliche Studien belegen, dass Bewerber, die in den ersten Minuten überzeugen, von den Beurteilern sehr viel besser eingestuft werden als andere Bewerber – auch andere Bewerber mit sehr viel besserer Qualifikation! Und dieser erste Eindruck ist sehr stabil. Manchmal gelingt es Menschen, „ihr Image loszuwerden", wie man so schön sagt – aber meist kostet das Monate, wenn nicht Jahre an gezielter Imagearbeit. Diese Zeit hat man im Bewerbungsgespräch nicht. Bewerber, die mit offenen Augen durchs Leben gehen, bemerken das. Susanne Uhlig, mit 28 Jahren schon eine Veteranin bei der Stellensuche, sagt: „Jedesmal, wenn ich die ersten Minuten versiebe, könnte ich genauso gut gleich wieder heimgehen. Ich rede dann wie gegen eine unsichtbare Wand."

Was muss man tun, um in den entscheidenden ersten Augenblicken zu überzeugen? Vor allem seine Vokabeln (siehe Kapitel „Die Vokabeln der Körpersprache") gebrauchen:

- Blickkontakt
- Lächeln
- Händedruck
- Kleidung, Frisur, Make-up
- Körperhaltung
- Stimme

Erfolgreiche Bewerber nutzen ihre Vokabeln und zerbrechen sich nicht allzu sehr den Kopf darüber, wie sie die richtigen Worte finden, was sie sagen sollten (und was nicht) und wie sie es am besten ausdrücken. Denn Worte zählen weniger als Taten.

Blickkontakt – Lächeln – Handschlag

Die ersten vier Sekunden eines Bewerbungsgesprächs sind enorm wichtig. Und diese vier Sekunden entscheidet ein Blick. Studien zeigen, dass Bewerber, die in diesen entscheidenden Augenblicken *Blickkontakt* herstellen, deutlich besser bewertet werden als Bewerber ohne Augenkontakt, aber mit identischer Qualifikation. Oder wie ein Werkzeugbau-Student es formuliert: „Ein einziger Blick macht eine halbe Abschlussnote wett." Erfahrene Manager und Personalreferenten lassen sich mit diesem „Körpersp0rachetrick" natürlich nicht hereinlegen. Aber sie vertrauen intuitiv darauf, dass ein Mensch, der Kontaktprobleme im Bewerbungsgespräch hat, diese später auch gegenüber Kollegen, Kunden oder Lieferanten haben wird. Fehlender Blickkontakt wird als Unsicherheit gedeutet. Unsere Sprache spiegelt das wieder: „Er senkte beschämt den Blick." „Sie blickte schüchtern zu Boden."

Natürlich hat jeder Mensch Hemmungen, einer Respektsperson in die Augen zu sehen. So haben wir das in Elternhaus, Schule, Beruf oder Bundeswehr gelernt. Deshalb müssen wir den Blickkontakt erst wieder lernen. Wie das geht, wissen Sie inzwischen. Fangen Sie klein an und steigern Sie sich dann. Am Anfang fällt es zwar schwer, doch dann wird es immer leichter und beginnt sogar, Spaß zu machen. Denn wer dem anderen ins Auge blickt, entdeckt oft viele Signale, die er vorher nicht sah, weil er einfach nicht hinschaute. Vor allem merkt man dabei eines: Die „großen Tiere" sind auch nur Menschen. Man braucht keine Angst vor ihnen zu haben. Sie freuen sich sogar, wenn sie wie Menschen behandelt werden.

Leider ist es mit dem Blickkontakt allein nicht getan, denn *Blick und Lä-* *cheln gehören zusammen*. Ein Blickkontakt ohne Lächeln wird bei der Begrüßung als unfreundlich, oft sogar als bedrohlich empfunden – je nach Selbstvertrauen des Gegenübers. Das ist leicht zu verstehen und schwer umzusetzen, denn unter Stress bekommen wir meist nur ein verkrampftes Lächeln zustande. Das ist zwar besser als gar keines, aber verbesserungsfähig. Der Ausdruck „gewinnendes Lächeln" zeigt uns deutlich, worauf es ankommt: Sieger lächeln, und zwar vor dem Sieg. Ein gewinnendes Lächeln kann man trainieren (siehe unten: Übung für Fortgeschrittene).

Die dritte Vokabel der Begrüßung ist der *Handschlag*. Was hier alles falsch gemacht wird, spiegeln die Ausdrücke wider, die Personalchefs dafür finden: toter Fisch, Knochenbrecher, nasser Lappen . . . Ein feuchtkalter, schlaffer Händedruck macht einen denkbar schlechten Eindruck. Ein Händedruck sollte seinen Namen verdienen: Es kommt auf den Druck an. Insbesondere Frauen scheinen die Sache mit dem Druck oft misszuverstehen. Sie halten ihre leblose Hand hin, damit sie gedrückt werde. Um den rechten Druck beim Händedruck zu entwickeln, braucht man eigentlich nur daran zu denken (und es zu üben, siehe Seite 38).

Bei der rechten Temperatur der Hand reicht die Gedankenkraft jedoch nicht aus. Viele Menschen bekommen in Stresssituationen nicht nur die

Der erste Eindruck zählt: Aufrechte Haltung – Blickkontakt – Lächeln – Händedruck

sprichwörtlichen kalten Füße, sondern auch kalte Hände. Und die werden nicht davon warm, dass man daran denkt. Was gewitzte Bewerber sich einfallen lassen, um dieses Handicap zu umgehen, ist manchmal recht amüsant. Ein 42-jähriger Manager verriet mir, dass er vor wichtigen Gesprächen immer noch nervös sei und deshalb eine kleine heiße Kartoffel in der Tasche habe, an der er sich die Grußhand wärmt. Eine Sekretärin setzt sich einfach ein paar Minuten auf ihre Hand. Und auch Schwitzehändchen sind kein Schicksal. Seit es Tanzunterricht gibt, empfehlen Väter ihren debütierenden Söhnen, sich vor dem Tanz kleine Tü-

cher in die Hosentaschen zu stecken, die den unangenehmen Handschweiß beseitigen.

Übung:
Das Ritual der Begrüßung

Der erste Eindruck wird von der Begrüßung entschieden. „Kein Problem", sagte mir dazu eine Seminarteilnehmerin, „ich grüße immer höflich." Pardon, aber das ist nicht genug. Höflich ist fein, aber es überzeugt nicht. Zwar ist eine überzeugende Begrüßung mit Blickkontakt, Lächeln und Händedruck (siehe Bild 3) nichts Kompliziertes, aber den wenigsten Bewerbern gelingt sie tadellos. Kein Wunder, denn der Mensch ist ein Gewohnheitstier. Je häufiger er etwas übt, desto besser beherrscht er es. Es empfiehlt sich, das entscheidende Ritual des Händedrucks so lange zu trainieren, bis es „sitzt". Das ist eine Übung, die den meisten Menschen Spass macht. Ein Abteilungsleiter berichtet: „Zuerst dachte ich, die Leute halten mich für verrückt, als ich alten Bekannten zum ersten Mal in meinem Leben die Hand gab. Aber dann bemerkte ich, dass die Leute sich unglaublich darüber freuen und offener und freundlicher werden." Dieser

Spaß beim Training der Körpersprache ist wichtig. Denn im Grunde gibt es nur zwei Arten, etwas zu erlernen. Entweder man bringt eine ungeheure Disziplin auf (Stichworte: büffeln, pauken, Sitzfleisch) oder man hat Spaß dabei. Wie schnell und leicht erlernt man Hobbys? Kein Wunder, Hobbys machen Spaß. Also schütteln Sie kräftig Hände und beobachten Sie, wie Sie damit ankommen und wie viel Freude das anderen und Ihnen bereitet. Die nötige Sicherheit, um in der nächsten Bewerbungssituation überzeugend aufzutreten, holen Sie sich bei der korrekten Begrüßung von Kollegen und guten Bekannten: vor Geschäftsbeginn im Büro, vor der Sportstunde, beim Stammtisch, wenn man einen Bekannten im Supermarkt trifft, in der Reparaturwerkstatt ...

Kleidung und Make-up

Was die Gestaltung ihres Äußeren angeht, so vergreifen sich viele Bewerber kräftig, wie einige Äußerungen von Personalchefs illustrieren: „Die hatte so viel Parfüm an sich, dass mir die Augen brannten." „Haben Sie diese Krawatte gesehen? Unmöglich." „Meine Güte, war die aufgedonnert!"

Es verblüfft, wie oft Bewerber unpassend gestylt sind, obwohl in jedem Bewerbungsratgeber nachzulesen steht „klassisch schlicht". Man trägt Anzug, Kombination oder Kostüm, eine korrekte Frisur, dezentes Make-up und eine persönliche Duftnote. Und was passiert? Auffälliges Make-up, orientalische Duftwolken und eine Kleidungswahl, die auf den Laufsteg, aber nicht ins Bewerbungszimmer gehört. Hinterher sind die Bewerber meist klüger: „Das war wohl des Guten zu viel." Warum erst hinterher? – Weil man sich vorher unsicher fühlt. Diese Unsicherheit möchte man mit seinem Äußeren kompensieren, zum Beispiel durch eine besonders freche Krawatte oder noch ein bisschen mehr Rouge. Es stimmt zwar: „Kleider machen Leute." doch nur dann, wenn die Kleidung zum Anlass und zum Träger passt.

Als unpassend empfinden Beurteiler zum Beispiel zu viel Schmuck. Eine alte Faustregel sagt: *Nicht mehr als fünf Schmuckstücke* – wobei die Ohrringe einzeln zählen. Also beispielsweise: zwei Ohrringe, ein Fingerring, eine Halskette und ein Armband. Viele Bewerberinnen schaffen diese „Qualifikation" nicht, weil sie allein an jeder Hand schon drei Ringe tragen und dann oft noch so unglücklich mit den Händen gestikulieren, dass der Beurteiler wie hypnotisiert auf das Glitzerzeug starrt. Auch der modebewusste Mann trägt heute Schmuck. Leider geht es beim Bewerbungsgespräch weniger um Modebewusstsein, es sei denn, Sie bewerben sich bei einem Modehaus. Glitzerndes Hals- und blinkendes Armkettchen, auffällige Ringe oder gar topmodisches Piercing sind Minuspunkte, die man kaum noch wettmachen kann. Es kommt nicht darauf an, dass „man das heute trägt", sondern dass die Beurteiler von diesen modischen Acccessoires größtenteils überfordert sind. Wie die Angler sagen: „Der Wurm muss dem Fisch schmecken, nicht dem Angler."

Faustregel: *Mann trägt einen schlichten Ring und eine Krawattennadel – und bleibt sonst schmucklos.*

Bei der Kleidung gibt es grundsätzlich zwei Möglichkeiten, falsch auf die eigene Unsicherheit zu reagieren. Man zieht sich betont konservativ an, um sich sicher zu fühlen. Das ist gut gemeint, löst aber den Eindruck „graue Maus" aus – es sei denn, man bewirbt sich bei einer Bank. Oder man fällt ins andere Extrem: Wer glaubt, mit seinem Lebenslauf keinen Eindruck machen zu können, versucht es mit einem aufreizenden Kleidchen – und erreicht gerade das Gegenteil.

Am besten, man verlässt sich bei der Wahl des Outfits nicht auf die eigene Meinung. Es gibt Freunde, Geschwister oder Partner, die man fragen kann und die den entsprechenden Abstand haben. Das Signal, das man mit seinem Äußeren senden will, soll bedeuten: „Ich passe zu euch." Wenn

man dies im Kopf behält, fällt einem die Kleiderwahl leichter: In der Bank trägt man im Zweifelsfall immer noch das dunkelblaue Kostüm und die konservative Krawatte, in der Werbe-Agentur dagegen darf es ruhig etwas legerer, bunter und modischer sein. Mit dem dunkelgrauen Kostüm macht eine Frau hier keinen Eindruck. Tipp: Kleidung so auswählen, dass man sie auch nachher im Beruf anziehen kann. Und bitte vorher eintragen. Wenn man sich unwohl darin fühlt oder sich noch nicht an das neue Stück gewöhnt hat, wirkt man „hineingesteckt".

Gehen Sie bei Ihrer Anpassung an den künftigen Arbeitgeber andererseits nicht zu weit. Wer zum Beispiel absolut keine Röcke mag, fühlt sich darin unwohl – und das merkt man. Also bleiben Sie bei Ihrem Stil. *Es gibt für jeden Stil die passende Entsprechung fürs Büro.* Wenn Sie bei der Vorstellung dasselbe tragen wie auf dem Bewerbungsfoto, kann das den Kontaktanzeigen-Effekt auslösen: Beim Interviewer macht es „klick" im Kopf. Er erkennt Sie wieder und dieses Erkennen macht Sie sympathisch. Bekanntes ist sympathisch, solange es nicht negativ belegt ist (aber das ist es nicht, sonst hätte er Sie nicht eingeladen). Männer sollten beim Anzug nicht übertreiben. Wenn er wie ein Konfirmationsanzug aussieht oder sehr offensichtlich eine sündhaft teure Nobelmarke ist, provoziert man Mitleid oder Neid. Ein Anzug ist sowieso eher bei der Bank anzuraten. Überall sonst kommt man kombiniert – aber so, dass es farblich passt! Bei Unsicherheit Frau, Freundin, Schwester fragen. Und für jene, die das tatsächlich noch nicht bemerkt haben: Weiße Socken zur guten Bürohose sind nicht nur out, sondern eine Beleidigung fürs Auge. „Grell gemusterte Krawatten", stand Anfang 1998 in AUDIMAX zu lesen, „mit spaßigen Motiven wie Mickey Mouse, Geldscheinen etc. kommen nur noch bei Bewerbungen in etwas ländlicheren Filialen an. Dem up-to-daten Personaler wird's eher schlecht dabei."

Büroszene:
Locker gekleidet den Job gelandet

Im Sommer 1997 bewarb sich eine Werbetechnik-Studentin der FH Pforzheim für ihr zweites Praxissemester bei einigen Stuttgarter Werbeagenturen. An sich ein wenig aussichtsreiches Unterfangen: Alle wollen in Stuttgart ein Praktikum machen. Ihre Mutter stieß einen spitzen Schrei aus, als sie das Outfit der Tochter für die Vorstellungsgespräche sah – doch die Tochter blieb hart. Sie stellte sich – es herrschten glücklicherweise 25° im Schatten – im Top, knallengen Jeans und mit einem Designer-Jäckchen vor, das sie sich von einer berufstätigen Freundin geliehen hatte. Natürlich erzählte sie wortgewandt von ihren Studienfächern und extrakurrikularen Aktivitäten. Doch später, als sie den Job bekommen hatte, erzählte ihr ein Texter der Agentur, dass der Chef vor „seinen Jungs" ihr Outfit erwähnt habe. „Schätze mal", sagte der Kollege, „40 Prozent deines Praktikums hast du deinen Klamotten zu verdanken." Werbeleute honorieren einen etwas ausgefallenen Auftritt. Ein Bank-Manager hätte zwar dieselben Stielaugen bekommen, doch eingestellt hätte er die junge Dame mit Sicherheit nicht. Zu einer Bank hätte das Outfit nicht gepasst.

Wer nicht zum Unternehmen passt, und sei es nur von der Kleidung her, den stellt man kaum ein. Außerdem möchten wir mit unserem Äußeren dem Beurteiler gefallen, um den Halo-Effekt auszulösen: *„Schöne" Menschen werden für intelligent, glaubwürdig und kompetent gehalten.* Der äußere Eindruck strahlt auf die Einschätzung der inneren Werte aus. Das wissen vor allem Bewerber, die schon in gesicherter Position stehen und nun den großen Karrieresprung wagen: Sie lassen sich von Stilberatern und Trainern für sicheres Auftreten schulen. Das Beste eines solchen Trainings ist die Sicherheit im Auftreten, die es vermittelt. Der Trainer hilft beim Zurechtlegen der richtigen Worte, aber auch bei der Kleiderwahl und der Wahl der richtigen Körpersprache. Adressen finden Sie in den einschlägigen Weiterbildungszeitschriften, und ein bundesweites Verzeichnis von Farb-, Stil- und

Die Signale beider Haltungen sind nicht besonders Erfolg versprechend: Langeweile und Ablehnung

Imageberatern gibt es auch im Internet: http://www.farbberatung.com.

Wer sich ein wenig in Körpersprache auskennt, muss sich jedoch nicht allein auf seinen Schneider verlassen. Worauf man sonst setzen sollte, schauen wir uns im Folgenden an.

Nach dem ersten Eindruck: Halo-Effekt bedienen

Die meisten Menschen haben im Alltag eine ganz sympathische Erscheinung. Kaum sitzen sie beim Bewerbungsgespräch, wirken sie unsicher, gehemmt oder aufgekratzt und tun sich damit keinen Gefallen. Das liegt an den inneren Stimmen, die hektisch flüstern: „Oje, die nehmen dich doch nicht." „Was redest du nur? So bekommst du den Job nie!" Inzwischen haben Sie gelesen, dass ein unruhiger

Geist am besten mithilfe eines ruhigen Körpers beruhigt werden kann. Das ist das *Umkehrprinzip*. Wer beispielsweise aufrecht sitzt, fühlt sich sicherer. Oder man lässt die aufgestaute Nervosität über gleichmäßige Handbewegungen abfließen und nicht über um Stuhlbeine geschlungene Beine. Es hilft auch, wenn man die Nervosität ableitet, indem man die Zehen in den Schuhen bewegt. Das wirkt und es sieht keiner (ein alter Rhetorik-Trick). Schließlich kann man seine Unsicherheit mithilfe eines Lächelns in Zuversicht verwandeln. Wer sich vor dem Gespräch nur fest genug einen Merksatz einprägt wie „Haltung – Blick – Hände – Lächeln!", dem sagt das die innere Stimme danach pausenlos vor. Damit macht sie sich nützlich – anstatt pausenlos Bedenken einzuflüstern.

Am stärksten wirkt das Umkehr-prinzip bei der Atmung. Wenn wir in Stress kommen, atmen wir schnell, flach und nur im Brustbereich. Umgekehrt können wir rasch die Ruhe selbst werden, indem wir von der Brust- auf die Bauchatmung umstellen und tief und ruhig durchatmen. Wer schon etwas Yoga oder Atemtraining gemacht hat, ist hier im Vorteil. Wer beides nicht kennt, findet auf Seite 119 eine Anleitung, wie man Stress einfach ausatmet. Mit etwas Übung wirkt die Bauchatmung schneller und besser als jedes Beruhigungsmittel. Dabei bemerken wir auch, wie sich die Vokabeln erfolgreicher Körpersprache gegenseitig bedingen: Ruhig und aus dem Bauch können wir nur atmen, wenn wir aufrecht stehen oder sitzen, weil dann der Bauch nicht eingeklemmt ist.

Hat man die Hürde des ersten Eindrucks gemeistert, dann kümmert man sich als gut vorbereiteter Bewerber in den Folgeminuten des Bewerbungsgesprächs um den Halo-Effekt (siehe Seite 28). Denn nicht der kompetente Bewerber macht den besten Eindruck, sondern der sympathische Bewerber. Die Sympathie strahlt auf andere Eigenschaften aus, die der Beurteilende dem Interviewten zuordnet. Wie wirkt man sympathisch? Zunächst gilt: *Wer mich sympathisch findet, den finde ich sympathisch.* Deshalb ist das Lächeln des Bewerbers so wichtig: Es zeigt, dass man den anderen mag. Wenn der

Bewerber dächte: „Huch, was für ein Kotzbrocken", würde das sofort non-verbal deutlich und könnte Antipathie produzieren. Eine Jungmanagerin sagt: „Die meisten Topmanager sind mir nicht auf Anhieb sympathisch. Aber da man mir immer ansieht, was ich denke, suche ich möglichst schnell etwas Hübsches an ihm aus und finde es das sympathisch." Irgendetwas Nettes hat selbst der unscheinbarste Manager: nette Lachfältchen, eine ausgefallene Brille, ein entschlossener Mund ... Wenn man es schafft, diesen kleinen, sympathischen Zug am anderen zu entdecken, entwickelt man genug Ausstrahlung, um vom anderen als sympathisch empfunden zu werden. Das erfordert eine gut trainierte Beobachtungsgabe. Denn der sympathische Zug will in den ersten Sekunden der Begegnung gefunden werden, sonst ist der erste Eindruck vorüber ...

Als sympathisch gelten auch Leute, die *zuhören* können. Hört der Bewerber dem Interviewer zu? Logisch, was soll er denn sonst machen? Das fragt sich der beurteilende Manager auch, denn die meisten Bewerber sitzen da wie die Spaltklötze. Bewegungslos, passiv, mit starrem Blick und eingefrorener Mimik. So wirken sie spontan unsympathisch, denn sie signalisieren damit Langeweile, Unaufmerksamkeit, Desinteresse. Stellen Sie sich vor, Sie erzählen auf einer Party eine spannende Story und Ihre beste Freundin oder Ihr Kumpel hört Ihnen derart ausdruckslos zu – da wird sie/er Ihnen sofort ziemlich unsympathisch. Ganz anders denken wir, wenn man uns andächtig lauscht. Wer *aufmerksam* ist, soll das auch zeigen! Wir haben ein Musterbeispiel dafür in der Büroszene: Hände reden (siehe Seite 20 f.) kennen gelernt. Und wir wissen alle, wie man Aufmerksamkeit und Interesse mimisch signalisiert: die Augenbrauen hochziehen, aufs Stichwort lachen, sich aufmerksam nach vorne beugen, die Geschichte mit dem Gesichtsausdruck begleiten . . . Warum tun wir's dann nicht? Weil wir nicht daran denken und weil wir es in Alltagsgesprächen nicht oft genug üben. Beides können Sie abstellen – wenn Sie wollen und wenn Ihnen der neue Job, der neue Kunde oder das Projekt den Aufwand wert ist.

Sympathisch findet man schließlich Leute, die die eigene Meinung teilen. Wieder zeigt sich, dass die nonverbale der verbalen Sprache überlegen ist. Denn wer ständig „Ja, genau!" ruft, fällt durch, weil Jasagen nicht sympathisch macht. Aber *wer Zustimmung nonverbal signalisiert, hat damit Erfolg* (siehe Büroszene: Der stumme Bewerber auf Seite 48 f.). Zustimmung heißt nicht nur Nicken. Zustimmung heißt vor allem, die Signale des Gegenübers zu *spiegeln*. Denn wer zeigt, dass er uns verstanden hat und sogar mitfühlt, ist uns sympathisch. Wenn der Personalchef beim Bewerbungsgespräch beispielsweise besorgt

von der anstehenden Restrukturierung berichtet, denken eben viele Bewerber: „Deine Sorgen möchte ich haben!" Und das sieht man ihrem Gesicht an! Spiegeln heißt hier: Die offensichtliche Besorgnis des Partners widerspiegeln. Normalerweise spiegeln wir recht zuverlässig die Stimmungen des Gegenübers, dafür sorgt unsere emotionale Intelligenz – sonst könnten wir angesichts einer Heulszene im Kino nicht spontan feuchte Augen bekommen. Unter Stress schaltet sich diese emotionale Intelligenz jedoch aus – oder wirkt maßlos übersteigert. Also muss sie mit etwas Achtsamkeit und bewusstem Körpereinsatz wieder auf ein gutes Maß gebracht werden.

Das ist nicht ganz einfach und verlangt etwas Training, zum Beispiel in unverfänglichen Alltagssituationen. Denn leicht kann man beim Spiegeln überdosieren oder die Stimmung des Gegenübers fehlinterpretieren. Es zeigt sich jedoch, dass erfahrene Jobwechsler, Bewerbungsveteranen oder Kommunikationstalente durch ihr virtuoses Spiegeln eine derartig starke Bindung zu ihrem Gegenüber herstellen können – die Fachleute nennen diese Bindung *Rapport* –, dass die Partner regelmäßig hellauf begeistert sind: „Was für ein hoch kompetenter und intelligenter Bewerber! Und so sympathisch!" Anthony Robbins, der US-Erfolgstrainer, behauptet sogar, einen Geschäftsführer nur durch Spiegeln und ohne ein Wort zu sagen, dazu gebracht zu haben, ihm einen Job anzubieten. Das mag Trainerlatein sein, doch illustriert es auch die manchmal erstaunliche Wirkung klug eingesetzter Körpersprache: Wer uns sympathisch ist, dem vertrauen wir eben.

Übung für Fortgeschrittene: das Siegerlächeln

Der Schritt, der bei der Begrüßung und später im Gespräch am häufigsten Probleme bereitet, ist das *gewinnende Lächeln*. Wir wissen, dass man lächeln sollte, bekommen aber wegen unserer Nervosität nur ein verkrampftes Grinsen hin. Das Gegenüber bemerkt die Absicht und reagiert verstimmt: „Der macht doch nur auf gut Wetter!" Es gibt einen feinen Unterschied zwischen einem gewinnenden und einem aufgesetzten Lächeln. Dieser Unterschied heißt *Aufrichtigkeit* oder im Soziologendeutsch *Authentizität*. Man bemerkt recht schnell, ob jemand mit Hintergedanken lächelt. Deshalb denken erfolgreiche Bewerber gute Gedanken, wenn sie lächeln. Das ist nicht schwierig und lässt sich üben. Achten Sie bei den nächsten Begegnungen einmal darauf, was Ihnen spontan durch den Kopf

geht, wenn Sie jemandem begegnen. Der erste spontane Gedanke ist entweder positiv: „Schön, dass ich ihn/sie treffe!" oder negativ: „Nicht der/die schon wieder!" Diese Spontaneität ist zu unvorhersehbar, als dass wir ihr unsere Karriere überlassen sollten.

Entscheidend für das Bewerbungsgespräch ist, dass man sich nicht passiv auf seine Spontaneität verlässt, sondern *aktiv* einen positiven Gedanken pflegt, der einen lächeln lässt, damit man nicht grinsen muss. Einige Bewerber denken sich bei der Begrüßung: „Schön, dass ich ein Interview bekommen habe. Die meisten haben es nicht bis hierher geschafft!" Und dieser Gedanke lässt sie bei der Begrüßung authentisch lächeln. Im Gespräch selbst denken sie dann Dinge wie: „Toll, ich rede tatsächlich mit dem Personalchef von Daimler-Benz!" oder: „Der Kerl verdient glatt 200.000 DM und er hört ganz allein mir zu!" Ein positiver Gedanke macht ein freundliches Gesicht und umgekehrt: *Lächeln macht gute Gedanken.*

Stress mit Sprache und Stimme

Die Sprache macht 38 Prozent unserer Wirkung auf andere aus. Also sollten wir auf unsere Stimme achten. Das beginnt damit, dass man einen typischen Anfängerfehler vermeidet: Man muss etwas auf seinen Termin warten, wird dann hereingebeten und hat vom langen Warten einen Frosch im Hals. Die Stimme holpert, kiekst und die Begrüßung gelingt nicht, der erste Eindruck ist hinüber. Man braucht kein Genie zu sein um diese Situation vorherzusehen und sich rechtzeitig zu räuspern.

Während des Gesprächs ist die *Stimme das Barometer unserer Selbstsicherheit*. Wenn wir nervös sind, reden manche von uns in Überschallgeschwindigkeit, andere fangen an zu leiern. Wichtig ist, dass wir uns nicht davon überraschen lassen oder es womöglich gar nicht bemerken, sondern

- mit Stimmkapriolen rechnen
- unsere Stimme beobachten: Was macht sie?
- bewusst immer wieder im Tempo gegensteuern, indem wir uns selbst sagen: „Ganz langsam!" oder „Denk nicht so viel, red lieber fließend!"
- die Lautstärke kontrollieren und nachregeln. Wir kennen uns ja: Wenn wir gestresst sind, werden wir entweder zu laut oder zu leise.
- die Stimmhöhe beobachten: kiekst oder brummelt es?
- bewusst Pausen machen, um dem anderen Zeit zum Mitdenken zu geben.

- die Satzmodulation beobachten: Aussagesätze gehen am Ende in der Stimmhöhe nach unten. Manche Leute nehmen unter Stress jeden Satz am Ende nach oben. Das signalisiert Unsicherheit.

Natürlich sagt auch die *Stimme des Interviewers* viel über ihn. Wenn er Sie oft unterbricht, sollten Sie sich kürzer fassen und stärker auf den Punkt kommen. Wenn er aufmerksam zuhört, setzen Sie die eingeschlagene Argumentation fort. Wenn er sehr leise oder überhastet spricht, ist er unsicher – das kommt auch bei Topmanagern vor. Also treten Sie nicht allzu selbstbewusst auf.

Was erfolgreiche von weniger erfolgreichen Bewerbern unterscheidet

Gescheiterte Bewerber scheitern meist am unvorteilhaften Eindruck, den sie hinterlassen. Sie wirken unsympathisch. Diesen Eindruck erweckt man am schnellsten, indem man

- den anderen ständig unterbricht
- Unruhe und Hektik verbreitet (beispielsweise durch schnelle Handbewegungen, zu schnelles Sprechen)
- laut und schrill spricht
- Langeweile signalisiert
- zu viel redet, anstatt den anderen zu Wort kommen zu lassen

- Unaufmerksamkeit demonstriert
- dem anderen häufig widerspricht
- zu passiv zuhört
- zu schweigsam ist.

Diese Liste könnte endlos fortgeführt werden. Doch darum geht es gar nicht. Es geht darum, sich während des Bewerbungsgesprächs immer wieder zu fragen: Wie kommt das an, was ich gerade mache und sage? Tatsächlich beherrschen erfolgreiche Bewerber die *Selbstbeobachtung* ausgezeichnet. Deshalb können sie ihre Körpersignale bewusst einsetzen. Sie signalisieren fleißig, während ihr Gegenüber redet: Sympathie für das Gegenüber, Aufmerksamkeit und Interesse seinen Ausführungen gegenüber, Zustimmung zum Gesagten. Während sie selbst reden, signalisieren sie Sicherheit und Selbstbewusstsein:

- Sie zeigen Rückgrat, indem sie aufrecht sitzen (und sich selbst dabei auch sicherer fühlen).
- Sie stellen häufig Blickkontakt her, das signalisiert ein sicheres Kontaktverhalten.
- Sie lachen häufiger als gescheiterte Bewerber, denn Humor zeigt innere Stärke.
- Sie unterstreichen ihre eigenen Ausführungen mit dezenten, aber sicheren und fließenden Handbewegungen. Das vermittelt, dass sie beherrschen, was sie sagen, und ihr Fachgebiet beherrschen.

- Sie reden klar und deutlich. Sie modulieren ihre Stimme bewusst, im Gegensatz zu Erfolglosen, die meist zu leise, zu schnell, schwach moduliert oder zu zaghaft reden.
- Sie kennen ihre Wirkung auf andere besser als erfolglose Bewerber.

Studien zeigen: Diese Körpersignale können viel genauer vorhersagen, ob ein Bewerber eingestellt wird, als Abschlussnote, Qualifikation und Berufserfahrung zusammengenommen. Das kann nur eines heißen: Körpersprache zählt! Und zwar bei gleicher Eingangsqualifikation mehr als alles andere.

Büroszene: Der stumme Bewerber

Das folgende Beispiel ist nicht unbedingt zur Nachahmung empfohlen, zeigt aber sehr schön, wie wichtig der *Auftritt* ist. Vor einiger Zeit erzählte mir ein Produktmanager „die Geschichte seines Erfolges": „Früher habe ich alle zwei Jahre meinen Arbeitgeber gewechselt. Und jedesmal habe ich mich fürs Interview detailgenau über Produkte, Strategie, Struktur und Geschäftsfelder der neuen Firma informiert. Bis ich gemerkt habe, dass das die Leute nicht interessiert, weil sie es ja längst wissen. Also habe ich – zuerst zaghaft und ohne große Überzeugung – damit begonnen, ihnen einfach aufmerksam zuzuhören und dann auf ihre Geschichten einzusteigen. Die Leute lieben es, ihr Jägerlatein an den Mann zu bringen. Ich habe fünfzig verschiedene Arten entwickelt, mein Erstaunen, meine Bewunderung, mein Interesse und meine Freude über Manager-Storys nonverbal zu kommunizieren. Ich bin fest davon überzeugt, das hat man mir höher angerechnet als meine Berufserfahrung und meine Leistungsnachweise."

Die Achtsamkeit wieder einschalten

Erfolgreiche Bewerber setzen ihre Körpersprache bewusster und überzeugender ein als erfolglose Bewerber. Diese Erkenntnis leuchtet ohne weiteres ein. Aber im Bewerbungsgespräch sieht die Welt ganz anders aus. Gerade in einer Situation, in der sie ohnehin nervös sind, merken viele Menschen nicht, was sie tun, was ihr Körper gerade anstellt oder welche verräterischen und die Karriere sabotierenden Signale er aussendet.

Achtsamkeit für die eigene Wirkung lässt sich nicht wie eine Lampe anschalten. Wer im Alltag seine Körpersprache nicht im Griff hat, der achtet auch im Interview nicht darauf und erntet wenig Erfolg. Wer im Alltag darauf achtet, womit und wie er auf andere wirkt, dem fällt das auch im Interview leichter, wenn er unter Stress steht.

Ihre Selbstbeobachtung ist erfolgreicher, wenn Sie sie auf die wesentlichen Punkte – Sie kennen sie inzwischen – konzentrieren:

■ Wie sehe ich aus? Was signalisiert mein Äußeres? Passt meine Kleidung zum Unternehmen?
■ Wie wirkt meine Haltung? Signalisiert sie Aufmerksamkeit und Interesse oder sende ich verräterische Signale durch eine eingesunkene (Rücken schief oder rund), geschlossene (Arme verschränkt) oder verkrampfte (Beine um Stuhlbeine) Haltung?
■ Was spiegelt mein Gesicht? Dass ich interessiert zuhöre oder mir ganz andere Gedanken mache? Sympathie oder Ablehnung? Ein gewinnendes Lächeln oder ein nervöses Grinsen? Aufmerksame Augen oder einen wandernden Blick?
■ Wie wirken meine Hände? Ruhig und sicher? Unterstreichen sie fließend, was ich sage?
■ Ist meine Stimme fließend und wohl moduliert?
■ Wie gut höre ich zu und wie gut spiegle ich mein Gegenüber?

Das mögen auf den ersten Blick eine Menge Faktoren sein, die man unmöglich alle im Auge behalten kann, wenn man daneben noch ein Gespräch führen muss. Aber das täuscht. Erinnern Sie sich an Ihre erste Fahrstunde?

Da haben Sie sicherlich auch so etwas gedacht wie: „Bremse lösen, einkuppeln, Gas geben, nach links schauen und Blinker setzen – wie soll ich das denn alles gleichzeitig erledigen? Das schaffe ich nie!" Unser Gehirn schafft solche Mehrfachaktionen ohne weiteres. Wir sind uns dessen allerdings nicht bewusst, denn wir bemerken normalerweise nicht, wie kompliziert zum Beispiel viele „gewöhnliche" Bewegungsabläufe sind, die wir wie selbstverständlich nutzen. Denken Sie nur daran, wie kompliziert das Laufen für ein kleines Kind ist. Eine Voraussetzung für diese mentalen Verknüpfungen, die schließlich unbewusst geschehen, ist das Training. Beim Reden schaffen wir diese Doppelbelastung ja schon heute – nur mit den falschen „Programmen". Da sagen wir uns im Bewerbungsgespräch dann: „Oje, den Job bekomme ich nie! Was hat er denn da für einen Fleck auf der Krawatte?" Damit verstärken wir in uns die negative Einstellung und wirken dann auf unser Gegenüber wenig überzeugend und gewinnend. Eine weitere „Tonspur" mit Anweisungen zur Selbstbeobachtung fällt da gar nicht weiter auf. Mit Selbstbeobachtung können wir negative „Programme" erkennen und gegen positive Gedanken austauschen.

MIT KOLLEGEN UMGEHEN

Jeder hat die Kollegen, die er verdient

Wir sind täglich mit Menschen zusammen. Wir reden, essen und arbeiten mit ihnen. Wir meinen, sie zu kennen. Wir glauben zu wissen, was sie von uns halten. Manchmal werden wir recht unsanft aus dieser Illusion gerissen. Ein Verlagsleiter erzählte mir dazu eine etwas dramatische Anekdote. Im wöchentlichen Team-Meeting bat er seine Assistentin zu berichten, wie sie das Rhetorik-Seminar erlebt habe, das sie in der Vorwoche besucht hatte. Die Assistentin blickte zuerst etwas bedrückt in die Runde, dann sagte sie mit leiser Stimme: „Das Seminar war eigentlich ganz prima. Aber mittendrin haben wir uns gegenseitig nach unserem Auftreten beurteilt – und die anderen fanden mich hochnäsig und besserwisserisch. Mir war nicht klar, dass ich so wirke!" „Tatsächlich?", bemerkte der Abteilungs-Benjamin, „uns schon." Danach musste der Verlagsleiter seine Assistentin erst wieder seelisch aufrichten.

Den meisten bleibt diese Peinlichkeit zum Glück erspart. Zum Glück? Nein, zu unserem Schaden. Denn seit die Assistentin weiß, wie sie auf andere wirkt, arbeitet sie daran: „Zuerst war ich schockiert. Aber dann fiel mir auf, dass ich tatsächlich oft die Leute mit ungeduldig verkniffenem Mund anschaue, wenn sie mit mir reden. Seit ich auf diese kleinen schlechten Gewohnheiten achte, habe ich ein besseres Verhältnis zu den Kollegen." Die

Assistentin war vor dem Seminar beileibe keine eiserne Lady, die ihren Kollegen ständig über den Mund fuhr, sie hängenließ oder sie beim Chef anschwärzte. Hätte sie sich derart unkollegial verhalten, hätte sie das negative Vorurteil ihrer Kollegen verstanden. Als gewissenhafte junge Frau, die sehr viel Wert auf ein gutes Klima legte, verstand sie nicht, weshalb sie keine halbwegs vernünftige Beziehung zu den Kollegen aufbauen konnte. Die ganze Zeit über hatte sie sich heimlich gewundert und auch etwas darunter gelitten, dass die Kollegen sie abweisend behandelten – dabei hatte sie die Kollegen zuerst abgewiesen: Sie wirkte arrogant, bemerkte es aber nicht. Sie wollte dazugehören, doch ihre Körpersprache verhinderte das. Viele Menschen bemerken diese Selbstsabotage ihr ganzes Berufsleben lang nicht.

Diese Täuschung der eigenen Wahrnehmung kennen wir bereits aus dem vorigen Kapitel: Wie viele Bewerber erklären sich abgelehnte Bewerbungen mit „meine Noten sind zu schlecht", „zu wenig Berufserfahrung" oder „kann keinen Mac bedienen" und ahnen nicht, dass es stattdessen an ihrer destruktiven Körpersprache liegt? So ist es auch im Büroalltag. Wir denken „Meine Güte, ist der Kollege heute aber wieder schlecht drauf", „Also in diesem Klima kann doch kein Mensch kreativ tätig sein!" oder „Wieso schneidet sie mich, ich habe ihr doch nichts getan?". Ja, das denken Sie, aber wie

sieht das die Kollegin, die Sie schneidet? Vielleicht haben Sie ihr tatsächlich nichts getan, aber vielleicht reagiert sie auch auf eines Ihrer Signale, das Ihnen in jüngster Vergangenheit durchrutschte. Tatsächlich merkt man *immer*, wenn sich das Klima verschlechtert oder die Kollegen sich seltsam benehmen – aber *selten*, was die eigenen stummen Signale dazu beigetragen haben.

Wir machen uns täglich selbst das Leben schwer, indem wir unsere Kollegen gegen uns aufbringen – durch unsere *unbewussten* Körpersignale.

Der Gruß, ein folgenschweres Ritual

Es sind meist die ganz einfachen, alltäglichen Signale, mit denen wir die Kollegen verärgern. Dazu eine kleine Geschichte. Die ständigen Reibereien zwischen Innen- und Außendienst sind allgemein bekannt. Als ein Außendienstler bei einem bayerischen Investitionsgüterhersteller die dauernden Verzögerungen seiner Aufträge im Innendienst satt hatte, baute er sich eines Tages vor der zuständigen Innendienstdame auf und fragte: „Was habe ich Ihnen getan, dass Sie mich derart verfolgen?" „Da fragt der Richtige. Sie haben doch damit angefangen! Sie behandeln mich wie Luft, also behandle ich Ihre Aufträge wie Luft. Da sehen Sie mal, wie das ist!" Der Verkäufer fiel aus allen Wolken – er war sich keiner

Schuld bewusst. Die Innendienstdame klärte ihn auf: „Ich wickle Ihren gesamten Umsatz ab und Sie würdigen mich noch nicht mal eines Blickes, wenn Sie morgens reinkommen! Wenn ihr Verkaufsfuzzis glaubt, ihr könnt ohne uns auskommen, dann schaut mal zu, wie das geht."

Der Verkäufer rang die Hände. Er hatte keine Ahnung, was er angerichtet hatte und dass ein lächerlicher Gruß, ein einziger Blick und ein Lächeln – vielmehr das Ausbleiben von beidem – eine derart verheerende Wirkung haben könnte. Natürlich gab es zwischen Innen- und Außendienst genug fachlichen Zündstoff. Der Innendienst warf dem Außendienst vor, schlampig ausgefüllte Auftragsformulare einzureichen, und der Außendienst hielt dem Innendienst vor, die Aufträge mit unnötigen Formalitäten aufzuhalten. Aber der fachliche Ärger regte die Dame im Innendienst nicht so sehr auf wie die persönliche Geringschätzung, die ihr der Verkäufer anscheinend entgegenbrachte. Das liegt in unserer Natur: Wir können es verkraften, mit jemandem nicht einer Meinung zu sein. Aber persönlich verletzt zu werden, nehmen wir immer übel. Der Verkäufer, der im Verkaufsgespräch wusste, wie wichtig ein sympathischer Eindruck ist, hatte unbewusst angenommen, dass die Spielregeln der Körpersprache bei den eigenen Kollegen nicht gelten. Genau das war sein Fehler.

Es gibt gewisse Situationen, in denen jeder zivilisierte Mensch – egal ob Kunde oder Kollege – ein *Körpersignal erwartet.* Zum Beispiel beim täglichen Erstkontakt. In dieser Situation ist das Körpersignal ritualisiert. Es ist ein *Ritual,* das seit Jahrhunderten so und nicht anders vollzogen wird. Jede Abweichung davon hat Konsequenzen. Das Ritual beim Erstkontakt heißt schlicht und einfach: Gruß. Natürlich muss niemand grüßen – aber die Konsequenzen muss jeder tragen. Wer grüßt, wird akzeptiert – wer nicht grüßt, wird nicht akzeptiert. Wer permanent nicht grüßt, bekommt irgendwann Ärger, wenn dem, den er nicht grüßt, der Geduldsfaden reißt. Kollegen können sehr nachtragend sein. Sie sammeln die vielen kleinen Unhöflichkeiten und warten dann geduldig auf eine Gelegenheit, es „dem blöden Kerl zurückzugeben".

Die meisten Menschen ahnen, dass man sich nicht ungestraft der Grußpflicht entziehen kann und grüßen zumindest flüchtig im Vorübergehen. Leider funktioniert das nicht. Ein Gruß wird nur akzeptiert, wenn er „stimmt". Dazu gehört zum Beispiel der *Blickkontakt.* Selbst die mittelalterlichen Ritter grüßten sich mit Blickkontakt, bevor sie sich die Köpfe einschlugen. Sie klappten ihr Helmvisier hoch, um sich anzuschauen. Daher stammt unser heutiger militärischer Gruß: Die Fingerspitzen berühren die Kopfbedeckung seitlich. Deshalb tip-

Ein Gruß signalisiert Sympathie

pen auch viele Menschen im Zivilleben an ihre Hutkrempe, wenn sie jemanden grüßen. Gerade weil dieses Grußritual seit Generationen gepflegt wird, hat eine *Ritualverletzung* solche Folgen. Deshalb wirkt der vorenthaltene Blickkontakt so destruktiv, wie schon die Redewendung sagt: „Sie würdigte ihn keines Blickes." Er war so unter ihrer Würde, dass sie ihn noch nicht einmal anschaute. So kommt das jedenfalls beim Gegenüber an. „Wenn Blicke töten könnten", ist demnach nicht unrealistisch. Blicke können töten: Vorenthaltene Blicke töten das gute Verhältnis zu den Kollegen. Es geht nicht darum, dass wir uns alle immer pausenlos anschauen. Das kann man nicht und das ist auch nicht nötig. Aber beim Gruß oder wenn die Beziehung zwischen Kollegen belastet ist, wird der Blickkontakt wesentlich.

Wenn ein Körpersignal so alt wie der Gruß ist, fällt jede Nuance jedem Menschen sofort auf und bekommt eine Bedeutung. Kein Blickkontakt: „Er würdigt mich keines Blickes." Kein Lächeln: „Ist er sauer auf mich?" Kein Innehalten im Vorübergehen: „Ich bin ihm wohl nicht wichtig genug, für eine Sekunde stehenzubleiben." Kein Hinwenden zum Gegrüßten mit offener Körperhaltung: „Warum zeigt er mir die kalte Schulter?" Keine Grußhand: „Oh, der ist mir gegenüber reserviert." Gerade weil jeder Mensch diese Schlüsse ziehen kann und auch unwillkürlich zieht, ist ein *vollständiger* Gruß – so komplex die Aufzählung der einzelnen Bestandteile auch anmutet – nicht schwer: Wir ahnen alle ganz intuitiv, worauf es ankommt. Deshalb liest sich die folgende Übung komplizierter als sie ist.

Übung:
Ein Lächeln verschenken

Ein amerikanisches Sprichwort sagt: „A little smile can go a long way." Ein kleines Lächeln hat eine große Wirkung. Nichts schafft Zusammenhalt und gutes Klima stärker und schneller als Sympathie und nichts zeigt *Sympathie* besser als ein offenes, freundliches, ungekünsteltes und nicht auf unmittelbare Gegenleistung spekulierendes Lächeln. Das versteht man unter Klimapflege. Wer Lächeln sät, erntet gutes Arbeitsklima. Das soll unsere Büroübung für den Tag sein.

Was denn? Für den ganzen Tag? Das gelingt selten. Es fällt schwer, immer zu lächeln – und es gibt immer einen guten Grund dafür: „Zu beschäftigt." „Bin im Stress!" Zu beschäftigt für ein Lächeln? Tatsächlich gibt es einen Unterschied zwischen den guten und den wahren Gründen. Die wahren Gründe, weshalb unsere Körpersprache so abweisend ist, sind unsere Beziehungsscheu, die vorherrschende Gefühlsarmut in den Büros und unsere Tendenz, ein gutes Arbeitsklima als etwas gegebenes hinzunehmen, worauf wir selbst keinen Einfluss haben

oder nehmen wollen. Also beginnen Sie mit kleinen Schritten. Beispielsweise: „In der nächsten Stunde lächle ich jedem freundlich zu, dem ich begegne (auch und gerade am Telefon)." Das ist schon schwer genug und anfangs kaum durchzuhalten. Noch schwerer ist es, den Effekt des bewusst gesetzten Signals zu beobachten:

- Wie reagiert der andere darauf?
- Lächelt er zurück?
- Beeinflusst mein Lächeln sein Verhalten während des Tages?
- Wie fühle ich mich dabei?

Menschen, die diese Übung meistern, berichten von ihren erstaunlichen Erfahrungen oft mit strahlenden Augen: „Es ist unglaublich, was ein kleines Lächeln bewirken kann!" Ein Bereichsleiter stoppte spontan auf seinem Gang durch die Flure und sagte dem Sachbearbeiter: „Sie sind der erste freundliche Mensch, den ich heute hier treffe." Immer berichten die Menschen, dass ihr Lächeln einen spürbar positiven Effekt über den Augenblick hinaus auf das Arbeitsklima ausübt und dass sie sich selbst besser dabei fühlen.

Gerade für den Gruß gilt: kleine Geste – große Wirkung. Denn der Gruß ist ein Ritual mit großer Signalwirkung. Nicht selten geschieht es, dass der volle, korrekte Gruß die Menschen erstaunlich öffnet. Ein Abteilungsleiter sagt: „Zuerst dachte ich, die Leute finden das übertrieben. Aber seit ich an den Kollegen auf den Bürogängen nicht mehr einen Gruß murmelnd vorbeihetze, sondern sie richtig grüße, beginnen sie oft, auch innezuhalten und mir zu erzählen. Irgendwie signalisiert ein ordentlicher Gruß, dass ich offen für sie bin." Wie immer bei unseren Übungen ist es nicht so wichtig, dass Sie jedes kleine Detail umsetzen. Viel mehr Spass macht es, wenn Sie genau beobachten, wie die einzelnen Details, die Ihnen in der konkreten Situation einfallen, Ihr Gegenüber beeinflussen und wie Sie sich selbst dabei fühlen.

Kleine schlechte Angewohnheiten

Erinnern Sie sich an die Verlagsassistentin. Sie galt als hochnäsig und wurde geschnitten, weil sie unter anderem ständig den Mund verkniff, wenn sie anderen zuhörte. Sie tat das, weil sie hochkonzentriert zuhörte und die Spannung sich dabei an ihrem Mund zeigte. Bei anderen Menschen sind es andere Merkmale, über die sich der innere Druck entlädt. Wenn man das hin und wieder tut, hat das keine Konsequenzen über das Gespräch hinaus. Natürlich denkt das Gegenüber: „Was ist? Was sage ich denn? Warum schaut sie so?" Denn das unbewusste Signal stiftet Verwirrung; aber sie verfliegt schnell. Wenn man das irritierende Signal jedoch ständig gibt, schleift sich irgendwann der Eindruck ein: „Hochnäsige Kuh, die lässt kein gutes Haar an allem, was ich sage." Natürlich stimmt das nicht, aber das erfährt ihre Umwelt nicht. *Schlechte Angewohnheiten fallen auf uns selbst zurück.* Fragen Sie sich selbst: Wie gerne unterhalten Sie sich mit jemandem, der zum Beispiel ständig von einem Bein aufs andere pendelt und dessen Oberkörper schwankt wie ein Fahnenmast im Wind! Wer seine schlechten Angewohnheiten nicht abstellen kann, wird schief angesehen, gemieden bis sabotiert oder wenigstens nicht so behandelt, wie er behandelt sein möchte.

Das ist zu verkraften, wenn man seine Kollegen selten braucht und aufs Klima pfeift. Wenn man jedoch ab und zu auf die Kollegen oder ein erträgliches Klima angewiesen ist, sollte man sich seine kleinen schlechten Angewohnheiten abgewöhnen. Wir brauchen zuerst eine geschärfte Selbstwahrnehmung und konzentrieren uns dabei zunächst auf das aktive Zuhören, weil unsere Kollegen hier besonders sensibel reagieren.

Welche Signale senden Sie beim Zuhören?

Übung:
Wie höre ich zu?

Was sagt Ihre Körpersprache aus, wenn Sie den Kollegen zuhören? Was machen Augen, Stirn, Mund, Hände, Haltung? Viele Menschen hören so aufmerksam zu, dass sich ihr Gesicht unbewusst verkrampft. Deshalb verkrampft auch schnell die Stimmung im Gespräch. Bei anderen Menschen zeigt sich das aufmerksame Zuhören daran, dass ihr Gesicht jeden Ausdruck verliert. Reaktion: „Dem ist wohl total egal, was ich sage!" Ein *ausdrucksloses Gesicht* wirkt unhöflich oder sogar geringschätzig. Den besten Draht zum Gegenüber finden Sie, wenn Sie seine eigenen *Signale spiegeln*. Damit signalisieren Sie: Ich stehe hier nicht unbeteiligt herum und lasse mich berieseln, ich höre tatsächlich zu und nehme Anteil daran. Achten Sie auf Ihre Vokabeln. Was signalisieren Sie, wenn Sie zuhören? Das ist eine relativ leichte Übung, weil man sich beim Zuhören gut selbst beobachten kann. Entdecken Sie eine schlechte Angewohnheit an sich? Was glauben Sie, wie Sie auf den anderen wirkt? Wirken Sie angestrengt, ungeduldig oder einfach ausdruckslos? Selbsterkenntnis ist hier nicht nur der erste Schritt zur Besserung, sondern die Besserung selbst.

Wer sich kleine schlechte Ange-wohnheiten abgewöhnt, verhin-dert Eigentore. Aber er schießt damit noch keine Siegtore. Er verhindert, dass er unsympathisch wirkt. Er bewirkt nicht, dass er sympathisch erscheint und von den Kollegen akzeptiert wird.

Menschen wollen wie Menschen be-handelt werden. Dann kommt man gut mit ihnen aus und kann in Ruhe seine Arbeit tun. Also sollte man ih-nen auch beim Zuhören zeigen, dass man sie wie Menschen schätzt und auch so behandelt:

- Eine offene Körperhaltung sig-nalisiert Hinwendung und Zu-wendung.
- Blickkontakt bedeutet Aufmerk-samkeit.
- Ein Lächeln zeigt Wohlwollen und Akzeptanz.
- Eine lockere Gestik vermittelt: „Ich bin ganz locker in deiner Gegenwart."
- Auch und gerade die Sprache ist wichtig: Zustimmende und kommentierende Laute, „Hmh, aha, jaja" zeigen gegenseitige Übereinstimmung.

Wer dies beherzigt, wirkt offen, sym-pathisch und aufmerksam. Er „gehört dazu". Er ist einfach ein guter Kollege. Sozialpsychologische Studien belegen, dass die beliebtesten Kollegen nicht die kompetentesten sind oder jene, die einem selten widersprechen. Diese Faktoren beeinflussen kaum unseren äußeren Eindruck. Die Körpersprache macht Eindruck. Daher gehören im-mer jene Kollegen zu den beliebtes-ten, deren Körpersignale Sympathie vermitteln. Es ist also ganz leicht, ein guter, beliebter, von allen geschätzter und unterstützter Kollege zu sein: Man muss nur Körpersprache sprechen können. Dann sonnt man sich nicht nur in einem angenehmen Klima, man erspart sich auch die vielen täglichen kleinen Bürokonflikte oder hält sie auf einem verträglichen Niveau: Wer at-tackiert schon gerne einen sympathi-schen Kollegen?

Eine Produktmanagerin erzählt: „In meiner Position brauche ich stän-dig die informelle Unterstützung der Kolleginnen und Kollegen. Die ande-ren Produktmanager liegen dauernd im Clinch mit irgendwelchen Kolle-gen. Ich nicht. Ich betreibe Klima-pflege by walking around. Ich mache so oft es geht einen positiven, offenen Eindruck auf die Mitarbeiter. Wenn es dann tatsächlich Sachprobleme gibt, werden bei mir nie persönliche Prob-leme daraus, weil wir eben so gut mit-einander auskommen. Bei den ande-ren Produktmanagern kracht es ständig." Die Körpersprache ist die beste und wirksamste *Beziehungspflege*. Wer sie bewusst und aktiv einsetzt, schafft sich das Klima, das er möchte.

Die Marotte oder: Wie mache ich mich unbeliebt?

Ein Sonderfall der destruktiven Körpersprache ist die Marotte. Sie ist mehr als eine schlechte Angewohnheit, die eher unterschwellig wirkt. Sie ist ein Angriff auf die Kollegen, den sie viel stärker registrieren als eine bloße schlechte Angewohnheit. Marotten machen unbeliebt. Die Anzahl der möglichen Marotten ist unendlich.

Es gibt Menschen, deren *Stimme* schon fast wie Musik klingt. Man könnte ihnen stundenlang zuhören. Leider ist die Stimme aber auch ein Körpersignal, das wir ständig benutzen und deshalb gar nicht mehr bewusst wahrnehmen – bei uns selbst. Wenn der liebe Kollege so laut telefoniert, dass man im nächsten Büro sein eigenes Wort nicht mehr versteht, fällt uns das aber sehr wohl auf. Nur nicht, wenn wir selbst so laut telefonieren. Wenn ein Kollege ruhig und wohl überlegt spricht, bewundern wir seine Abgeklärtheit. Wenn wir selbst vor lauter Hektik Worte verschlucken, bemerken wir es nicht. Doch genau auf diesen Fehlsignalen basiert das Urteil, das die Kollegen über uns fällen: „Ganz nett, aber er geht mir doch ziemlich

auf den Keks." Die Stimme wird umso wichtiger, je brisanter die Situation ist. Zum Beispiel, wenn wir Kollegen kritisieren. Wir reden schnell, weil wir „es schnell hinter uns bringen wollen", um den Kollegen nicht unnötig zu belästigen. Da Menschen aber ohnehin empfindlich gegenüber Kritik sind, fasst der Kollege die schnelle, angehobene Stimme als Rechthaberei und Tempoattacke auf und reagiert sauer. So entstehen Vorhaltungen wie: „Die meckert immer nur an mir rum!" Manchmal streitet man sich Jahre, bevor jemand bemerkt, dass es lediglich am falschen Tonfall lag. Dabei wissen wir doch längst: Der Ton macht die Musik.

Es gibt Kollegen, die nerven schrecklich, weil sie ständig mit ihren Schlüsseln in der Hosentasche spielen, am Kuli knipsen, auf dem Tisch trommeln, mit den Sohlen quietschen, rhythmisch mit den Absätzen klackern, mit der Zunge schnalzen, die Finger knacken lassen . . . die Liste ist unendlich. Natürlich sind Marotten menschlich. Das Unmenschliche daran ist, dass Kollegen darunter leiden, dass keiner auch nur einen Pieps über die Marotte verrät. Man tuschelt lieber hinter vorgehaltener Hand darüber. Will man gegen seine Marotten angehen, kann man beispielsweise einen guten Kollegen fragen. Eine ehrliche Antwort erhält man, wenn das Anliegen auf andere projiziert wird: „Du hast mich doch auch schon im Meeting erlebt oder wenn ich mit einem Kollegen spreche. Sag mal ehrlich, ist dir dabei eine Marotte an mir aufgefallen? Schnipse ich mit den Fingern oder polke im Ohr? Sag ehrlich, ich möchte das nämlich abstellen." So einfach entlarvt man seine Marotten und erfährt, was anderen aufgefallen ist oder sie vielleicht sogar stört – wenn man sich traut. Man traut sich aber meist nicht. Denn wer kann schon negative Nachrichten über sich selbst ertragen?

Also bleibt nur ein gutes Körpersprache-Seminar oder die *angestrengte Selbstbeobachtung*. Die Selbstbeobachtung wird dadurch erschwert, dass Marotten aufgestaute Spannung in brenzligen Situationen ableiten: Man schnippt am Kuli, weil man nervös ist. Und in brenzligen Situationen ist unsere Aufmerksamkeit so gebunden, dass wir uns nicht auch noch selbst beobachten können. Also braucht unsere Aufmerksamkeit eine Gedächtnisstütze. Ein CAD-Konstrukteur beispielsweise legt sich im Meeting immer einen kleinen roten Zettel auf den Tisch, auf dem „Fingerschnipsen??!!!!" steht. Das hilft nicht immer, aber in den allermeisten Fällen hat eine solche Eselsbrücke Erfolg.

Als ganz nützlich hat sich erwiesen, wenn man schon im Voraus einen Verdacht hat oder von anderen etwas über seine Marotten erfährt und dann konzentriert auf eine ganz bestimmte Marotte achten kann.

Wo blinkt bei Ihnen das Warnlicht auf?

- Ich telefoniere zu laut.
- Wenn ich überzeugen will, rede ich zu laut.
- Ich rede so leise, dass meine Kollegen mich nicht verstehen und ständig nachfragen.
- Ich rede zu schnell, sobald ich aufgedreht bin oder kritisiere.
- Ich spiele am Kuli.
- Ich lasse selbstvergessen die Finger knacken.
- Ich trommle hektisch auf der Tischplatte.
- Ich zeige mit dem Zeigefinger auf andere.
- Ich rücke dem anderen zu dicht auf die Pelle, wenn ich etwas von ihm will, und verletze seine Distanzzone.
- Ich stütze oder setze mich beim Reden auf den Schreibtisch meines Gesprächspartners.
- Ich schaue dem anderen bei der Arbeit über die Schulter und verhalte mich wie ein Oberlehrer.

Die Liste ist beliebig fortzusetzen. Wenn Sie einen konkreten Verdacht haben, dann reicht es, diesen im Kopf zu behalten und die Augen offen zu halten. Entdeckt man erst einmal seine Marotte, kann man sie mit etwas Geduld und Achtsamkeit meistens binnen weniger Tage abstellen.

Büroszene:
Das dicke Signal kommt nach

Als Katrin Klein in den Urlaub ging, übergab sie einem Kollegen noch rasch eine dringende Sache zwischen Tür und Angel. Der Kollege versuchte, den Wortschwall der Anweisungen zu verstehen und gleichzeitig die Unterlagen zu sichten. Nach dem Urlaub kam es zum Riesenkrach, weil der Kollege den Auftrag nicht so erledigt hatte, wie Katrin Klein sich das vorstellte. Katrin Klein meinte gegenüber einer Kollegin: „Warum hat der Blödmann nicht gesagt, dass er nicht kapiert hat, worauf es mir ankommt?" Worauf die Kollegin erwiderte: „Er hat es gesagt. Nur nicht laut. Ich habe deine Übergabe damals zufällig mitbekommen. Der Kollege hatte handtellergroße Augen, blies die Backen auf und kratzte sich verzweifelt am Kopf. Aber du warst natürlich zu sehr in Eile, um diese Signale ernst zu nehmen."

Kollegen falsch behandeln

Bisher haben wir betrachtet, wie man sich selbst schaden kann, wenn man die eigenen Körpersignale nicht beachtet. Natürlich gilt das auch für die Körpersignale anderer. Oft behandeln wir Kollegen falsch, weil wir ihre Signale nicht wahrnehmen. Das hat immer Konsequenzen (siehe oben die Büroszene). Wenn man die Signale anderer nur lange genug missachtet, setzen sie plötzlich ein Riesensignal, das man dann nicht mehr ignorieren kann. Es kommt dann beispielsweise zum Krach: „Ich habe es endgültig satt, von dir wir ein Idiot behandelt zu werden!" „Was? Ich behandle dich doch nicht wie einen Idioten! Wie kommst du denn darauf!" Aber dann ist es zu spät. Der Kollege ist schon auf 180.

Es erspart viel Ärger und erleichtert die eigene Arbeit, wenn man die *Körpersignale anderer lesen* kann. Bei vielen Arbeitsgesprächen unter Kollegen ist beispielsweise zu beobachten, dass einer redet und der andere halb seinem Schreibtisch, der Werkbank oder einer Maschine zugewandt ist und den Redner über die Schulter anschaut und zuhört. Der eine „quatscht den anderen von der Seite an", wie man in der Umgangssprache sagt. Und nachher wundert man sich, dass der andere nur die Hälfte verstanden hat. Man hat nicht erkannt, dass halbe Hinwendung auch nur halbe Aufmerksamkeit bedeutet. *Die Körperhaltung signalisiert die Geisteshaltung.* Eine elegante Möglichkeit, sich durch die eigene Körpersprache die volle Aufmerksamkeit zu sichern, ist, sich so hinter dem Schreibtisch oder der Maschine aufzubauen, dass man dem anderen direkt gegenüber steht. Oder Sie fragen: „Ich merke, dass es dir gerade nicht reinpasst – soll ich später nochmals kommen?" Entweder schenkt der andere einem dann seine volle Aufmerksamkeit oder man kommt später wieder. Ist es nicht eine reizvolle Aussicht, so

nuanciert auf die stummen Signale anderer reagieren zu können?

Wie Sie auf andere wirken, zeigen deren Signale. Nehmen Sie sie wahr? Können Sie sie lesen?

Ein *Gesichtsausdruck* spricht Bände. Sie brauchen dem anderen nur ins Gesicht zu sehen, um zu wissen, was er denkt:

- Ihre Augen wandern, während Sie mit ihr reden: Sie ist gelangweilt.
- Er runzelt die Stirn, kneift die Augen zusammen und öffnet leicht den Mund: Er hat Mühe, Ihnen zu folgen.
- Sie beißt sich auf die Lippen. Was Sie ihr sagen, hat negative Konsequenzen für sie.
- Er lächelt: Sie geben ihm das, was er braucht.

Auch seine *Körperhaltung* verrät Ihnen, was in seinem Kopf vorgeht:

- Verschränkte Arme: Er ist nicht einer Meinung mit Ihnen.
- Verkrümmter Rücken: Irgendwie machen Sie ihn runter.
- Aufrecht und lockere Arme: Er fühlt sich wohl in Ihrer Gegenwart.

Es ist immer wieder erstaunlich, wie gut manche Menschen diese leisen Signale wahrnehmen und auf sie reagieren können. Sie lesen in den anderen wie in einem offenen Buch. Natürlich sind solche einfühlsamen Menschen immer sehr beliebt bei den Kollegen. Man sagt über sie: „Mit ihm kann man eben reden." „Sie hört einem zu, wenn man mit ihr spricht." Oder über den Halo-Effekt (siehe Seite 28) wird zugeordnet: „Er ist eben der kompetenteste Kollege, das merkt man gleich." Denn wer auf andere gut eingehen kann, wirkt sympathisch, und wer sympathisch wirkt, dem werden auch andere Eigenschaften zugeschrieben: Intelligenz, Kompetenz, Glaub- oder Vertrauenswürdigkeit. Doch fragt man diese Meisterinnen und Meister der Körpersprache, dann ist es nicht Anerkennung oder Beliebtheit, die sie dazu führt, auf die Signale anderer zu achten. Ein Software-Entwickler drückt es so aus: „Je flexibler ich auf die Signale der anderen reagiere, desto eher kann ich mich um meine eigene Arbeit kümmern. Ich habe einfach keine Zeit und auch keine Lust auf diese ewigen Missverständnisse und Reibereien."

Kollegen zu „lesen" ist eine Kunst, die kein großes Training, sondern nur eine Voraussetzung erfordert: *ein waches Auge*. Sie werden erstaunt sein, was die Kollegen Ihnen täglich zu sagen haben. Und es macht einfach Spaß, auf andere zu reagieren, noch bevor diese den Mund aufmachen können.

Aus der Trickkiste: Kollegen beeindrucken

In jeder Abteilung gibt es einige alte Hasen, von denen man manche beeindruckende Redewendung der Körpersprache abgucken kann. Eine Projektleiterin erzählt: „Frauen müssen in meinem Job doppelt so viel leisten wie Männer, für halb so viel Anerkennung. Also arbeite ich hart und sorge dafür, dass es jeder mitbekommt." Natürlich besorgt sie das nicht verbal, denn das würde sofort als Propaganda entlarvt werden. *Stumme Signale sind wirkungsvoller.* Die Projektleiterin

- geht meist mit einem Stoß Unterlagen unter dem Arm ins und aus ihrem Büro: „Ich sehe immer wichtig aus."
- bewegt sich auf den Gängen im Stechschritt: „Beschäftigte Leute haben keine Zeit. Dass ich in meinem Büro manchmal gemütlich Kaffee trinke, sieht ja keiner."
- kommt zu Besprechungen immer etwas zu spät: „Wer pünktlich ist, hat nichts Besseres zu tun."
- sitzt in Meetings immer dem Chef gegenüber: „Damit er sieht, wie interessiert ich an dem bin, was er sagt."

Solche feinen Signale sind natürlich viel wirkungsvoller als der übliche Wettstreit mit Prestigesymbolen: Wer hat das kleinste Handy, das edelste Schreibgerät, den schnellsten Laptop, die teuerste Designer-Kleidung oder den exklusiveren Aktenkoffer? Diese Prestigesymbole beeindrucken zwar, aber nur kurzfristig und oberflächlich, sind einer ständigen Inflation der Statussymbole unterworfen und gehen

aufs Geld. Erinnern Sie sich an den britischen Offizier (siehe Seite 27): Wer wirklich souverän und sicher wirkt, der kommt auch mit einer schlichten Uhr und einem einfachen Laptop aus – denn seine Körpersprache überzeugt, bevor man seine Uhr bemerkt.

Ein verbreiteter Trick ist das Ja-Sagen, obwohl man Nein meint. Ein Buchhalter in einem Elektronik-Unternehmen erzählt: „Dauernd wollten die Kollegen Extrawürste. Wenn ich Ja sage, komme ich nicht nach Hause, und wenn ich Nein sage, sind sie sauer auf mich." Jetzt hat er einen Weg gefunden, sich elegant aus der Affäre zu ziehen: „Ich habe beobachtet, dass die Kollegen nur dann sauer reagieren, wenn sie den Eindruck haben, dass ich mit ihrem Sonderwunsch auch sie selbst ablehne. Deshalb sage ich jetzt mit dem Mund Nein, aber mit dem Körper Ja." Wenn er einen Wunsch ablehnt, dann lächelt er dabei, wendet sich dem Bittsteller ganz zu und macht eine bedauernde Geste, zuckt mit den Schultern oder legt den Kopf schief. „Manchmal gehe ich auch auf den Kollegen zu und lege ihm begütigend die Hand auf den Arm. Die merken dann meist: Ich lehne nur ihren Wunsch ab, nicht sie selbst, und ziehen eigentlich ganz zufrieden ab."

Natürlich lassen sich auch *Marotten* ganz bewusst einsetzen. Denn kaum eine Vokabel der Körpersprache hat eine größere Wirkung. Ein Elektromonteur bei einem städtischen Versorgungsbetrieb klingelt immer heftig mit seinem Schlüsselbund in der Jackentasche und reißt die Augen auf, wenn ihm ein Kollege Märchen erzählt, anstatt zum Punkt zu kommen. Ohne ein Wort zu sagen, steuert er so die Unterhaltung. Einige Menschen haben besondere Techniken gegen eine aggressive Körpersprache entwickelt. Ein Kollege, der's immer besser weiß, tippt mal wieder mit dem Zeigefinger auf sein Gegenüber. Der Partner schnappt sich den Zeigefinger, hält ihn sich vors Gesicht und sagt: „Hm, bräuchte dringend eine Maniküre." Die Dominanzgeste ist unschädlich gemacht, weil alle Beteiligten lachen müssen.

Der kleine Unterschied oder: Warum Männer eher Karriere machen als Frauen

„Männer machen Karriere, Frauen machen in Familie", sagt ein böser Spruch. Tatsächlich bestätigt ein Blick in die Statistik, dass wir von einer Gleichberechtigung der Geschlechter so weit entfernt sind wie eh und je. Frauen nehmen noch nicht einmal 5 Prozent der Spitzenpositionen der Wirtschaft ein. Das ist das obere Ende der Karriereleiter. Vom unteren Ende gibt es kaum aussagekräftige Zahlen. Doch liegt die Meinung einer Gruppenleiterin in einem Lebensmittel-Unternehmen nicht weit entfernt von

der Wahrheit, wenn sie sagt: „Bei gleicher fachlicher Qualifikation zwischen Kollegen und Kolleginnen werden bei uns die Männer bevorzugt befördert." Dafür mag es viele Gründe geben. Viele Frauen scheuen sich vor dem Konkurrenzkampf um knappe Karrierechancen mit harten Bandagen – schließlich müssten sie gegen die eigenen Kollegen kämpfen. Männern macht das weniger aus, sie sind eher konkurrenz-, Frauen eher teamorientiert. Das ist eine verallgemeinernde Aussage, Ausnahmen gibt es immer. Viele Chefs fürchten auch, dass weibliche Führungskräfte wegen des Mutterschutzes ausfallen. Und immer wieder hört man hinter vorgehaltener Hand: „Die Meier ist ohne Zweifel außerordentlich fachkompetent. Aber einen Führungsjob traue ich ihr nicht zu." Das ist zwar ein schreiendes Vorurteil, aber häufig ist es nicht von der Hand zu weisen.

Wir wissen, Frauen treten anders auf als Männer. Man braucht nur Filme wie „Tootsie", „Ein Käfig voller Narren", „Manche mögen's heiß" oder „Charlys Tante" anzusehen. Da verkaufen sich Männer recht überzeugend als Frauen, nicht nur, indem sie sich wie Frauen kleiden, sondern auch, indem sie deren Körpersprache imitieren. Im Film mag das lustig sein, in der Realität liegt der Verdacht nahe, das auch diese „weibliche" Körpersprache schuld an der Diskriminierung von Frauen ist.

Zwei Kollegen – wer von beiden wirkt selbstsicherer?

Viele Frauen beurteilen den Kollegen auf der Zeichnung oben als selbstbewusster und – wegen des Halo-Effektes – als kompetenter, ranghöher, engagierter und energischer. Selbst wenn wir wüssten, das die Kollegin einen Titel als Wirtschaftsingenieurin und der Kollege „nur" einen Meistertitel hat, würde das nicht viel an unserem Gesamteindruck ändern. Der erste Eindruck zählt auch hier: „Da sieht man wieder mal, dass die Akademiker viel zu theoretisch sind. Können nicht anpacken."

Es gibt eine Reihe von geschlechtstypischen Körpersignalen, die sich als echte Karrierekiller auswirken:

- Männer sitzen breitbeinig, Frauen schlagen oder wickeln die Beine übereinander. Das wirkt zwar attraktiv. Doch wer Karriere machen will, sollte nicht in erster Linie attraktiv, sondern kompetent und selbstbewusst wirken.
- Männer stellen die Ellenbogen auf. Frauen führen sie eng am Körper.
- Männer stehen gerne breitbeinig, Hände in den Hosen- oder gar Jacketttaschen. Frauen dagegen bevorzugen die Entlastungshaltung: Beine eng, Körpergewicht auf einem Bein; Hände sichtbar.
- Frauen sitzen oft mit geschlossenen Knien und nach innen gedrehten Füßen. Männer halten die Knie offen und die Füße nach außen gedreht.

Diese Liste ließe sich endlos fortführen. Wenn Sie die Augen im Alltag und vor allem vor dem Fernsehschirm aufmachen, werden Sie von einer geschlechtstypischen Signalflut überschwemmt werden. Alle diese Signale haben leider eines gemeinsam: „Die Körperhaltungen von Frauen wirken", sagt die Verhaltensforscherin Marianne Wex, „mit ihren Armen und Beinen eng am Körper gehalten, sich schmal machend, verkleinernd, verniedlichend, verharmlosend, demütig, sich anbietend, in sich zurückgezogen, sich versteckend, vorwiegend eingeschüchtert und angstbestimmt."

Wenn Frauen jedoch nicht länger „die brave kleine Tochter" spielen und wie die Männer dominant auftreten wollen, schlägt die Doppelmoral zu. Noch einmal Marianne Wex: „Durch bequemes Sitzen mit gespreizten Beinen beispielsweise signalisiert der Mann seine Macht, denn je entspannter und lockerer er sitzt, desto höher ist sein relativer Status; bei einer Frau wird dasselbe Verhalten entweder als sexuell einladende Geste interpretiert [...] oder die Frau gilt als schlecht erzogen (‚undamenhaft'). Der Gedanke, auch Frauen könnten durch bequemes Sitzen Macht demonstrieren, kommt erst gar nicht auf." Heißt das, Frauen sollten sich damit abfinden, dass Männer die karrierefreundlichere Körpersprache „gepachtet" haben? Dass sie Sitzungen dominieren (siehe Seite 100 f.) und Kolleginnen öfter leicht

herablassend behandeln? Dass sie Frauen bevormunden und aus wichtigen Aufgaben oder Positionen verdrängen? Nein, es bedeutet lediglich, dass Frauen nicht die falschen Signale verwenden sollten.

Dominanz signalisieren
- mit dem Blick fixieren
- anstarren
- berühren
- dem anderen ins Wort fallen
- in den Raum des anderen eindringen
- Stirn runzeln, streng dreinblicken
- mit dem Finger auf den anderen zeigen
- provokativ schweigen und damit „auflaufen" lassen

Unterordnung signalisieren
- Blick senken oder abwenden
- sich an die Berührung „anschmiegen"
- sich ins Wort fallen lassen und dann verstummen
- den Raum abtreten, Platz machen
- lächeln
- dem Fingerzeig in Verhalten oder Rede folgen: gehorchen
- Harmonie durch Small Talk fördern

Diese und viele andere Signale errichten und zementieren täglich das Verhältnis zwischen Mann und Frau. So kann eine Frau nicht länger mit Unterordnung, sondern konstruktiv reagieren:

- *1. Schritt:* Überhaupt erst einmal erkennen, was geschieht. Eine 45-jährige Abteilungsleiterin sagt: „Seit ich weiß, womit mich die lieben Kollegen ‚klein‘ halten und an die Wand drängen, achte ich darauf und falle seltener drauf rein.“

- *2. Schritt:* Kontern, das heißt: Nicht mehr mit Unterordnung auf das entdeckte Dominanzsignal reagieren, sondern auf ihrer Position bleiben. Eine Ingenieurin meint: „Wenn der Kollege mich mit verkniffenen Augen anstarrt, dann reiße ich nicht mehr die Augen auf und frage ‚Was ist? Was hast du?‘, sondern starre zurück. Manchen Kollegen gefällt das sogar.“ Klar, denn dann kann man mit ihr wie unter sich reden.

- *3. Schritt:* Ebenfalls Dominanz zeigen. Wenn eine Frau nicht gerade sexuell belegte Signale verwendet, funktionieren Dominanzgebärden auch, wenn eine Frau sie benutzt.

Natürlich fordert besonders der letzte Schritt, dass Frauen umlernen. Sie müssen lernen, die Augen offen zu halten, auf Dominanzgebärden nicht mit Unterordnung zu reagieren und das eigene Verhaltensrepertoire zu erweitern. Das macht etwas Mühe, lohnt sich aber sehr. Natürlich können Frauen manche der lässigen Statusgesten der Männer nicht ohne weiteres imitieren, ohne ungewollt lächerlich oder sexy zu wirken. Doch es gibt genug *Dominanzgesten,* die sie erfolgreich einsetzen können. Dazu Kathryn Stechert in ihrem Buch „Frauen setzen sich durch“: „Frauen können zum Beispiel im Büro eines Mannes durch entspanntes Verhalten Macht ausüben. Sie können in seinen Machtbereich eindringen, indem sie sich auf seinen Schreibtisch lehnen. Sie können ihn in seinem Betätigungsfeld einengen und sein Eigentum berühren, indem sie ihre eigenen Unterlagen und Arbeitsmaterialien ausbreiten. Sie können auch gelegentlich und mit Vorsicht die herablassenden Gesten benutzen, denen Frauen oft ausgesetzt sind, und ihrem Gegenüber den Kopf tätscheln, die Hand auf den Arm legen oder auf die Nase tippen. Frauen können auch lernen, die Machtgesten der Männer zu interpretieren, und so vermeiden, diesen Gesten durch unterwürfiges Verhalten zu entsprechen. Wenn ein Mann Aggressivität und Machtfülle zeigt, indem er beispielsweise eine Frau aus ihrem Bereich verdrängt, muss sie nicht weichen. Sie muss auch nicht lächeln, wenn er die Stirn runzelt, oder ihre Augen senken, wenn er sie anstarrt. Solche nonverbalen Ergebenheitsreaktionen verstärken den höheren Status und die Macht der Männer."

Frauen steigen weniger weit und schnell auf, weil sie in erster Linie „nett" wirken. Dieses Verhalten ist so symptomatisch, dass Rosemary Agonito ihr Buch für Frauen betitelt hat mit „,Nett' war ich lange genug, jetzt setze ich mich durch". Das beschreibt recht gut, was sich zuerst im Kopf ändern muss, damit eine Frau sich behauptet. Nett sein ist gut und harmoniefördernd, steht aber nicht an erster Stelle! Die richtige Reihenfolge: *Sich erst durchsetzen, dann für Harmonie sorgen*. Wenn Sie diese im besten Sinne emanzipatorischen Tipps beherzigen, dann müssen Sie damit rechnen, dass die Männer zuerst irritiert reagieren. Seit Jahrhunderten sind sie daran gewöhnt, dass Frauen zurückhaltend reagieren und sich unterordnen. Ein Projektmanager sechs Wochen nach einem Körpersprache-Seminar: „Ich fühle mich viel wohler, seit die Kolleginnen im Team selbstbewusster auftreten und auch mal auf den Tisch hauen. Sonst weiß ich nie, ob die Kollegin tatsächlich einer Meinung mit mir ist oder sich nur höflich zurückhält. Höflichkeit bringt unser Projekt nicht weiter."

Abwehr von Mobbing-Attacken

Viele Menschen halten es an ihrem Arbeitsplatz einfach nicht mehr aus: „Die lieben Kollegen bringen mich auf die Palme." „Die machen mich platt!" „Die wollen mich rausekeln." „Alles, was ich sage, wird gegen mich verwendet." „Die sind alle so fies zu mir." Das ist Mobbing – *Psychoterror am Arbeitsplatz*. Wer gemobbt wird, geht nur noch ungern zur Arbeit, reagiert mit Migräne-Anfällen, Kreuzschmerzen, Magenweh und anderen körperlichen Symptomen, aber vor allem mit Angst. Die Angst kann existenzielle Ausmaße annehmen, wenn man es sich beispielsweise nicht leisten kann, den Job aufzugeben. Wer einmal gemobbt wurde, weiß, wie man sich dabei fühlt. Das Gefühl vergisst man sein Leben lang nicht. Was viele jedoch anscheinend nicht kennen, sind bewährte Mittel gegen Mobbing.

Kindern sagt man: „Wenn der Hund merkt, dass du Angst hast, beißt er dich!" Für Menschen gilt dies vielleicht eher als für Hunde: Wer sich klein macht, den machen die anderen noch kleiner. Wer mit seiner Körperhaltung Unterwerfung andeutet, der wird oft wirklich unterworfen, und zwar brutal und ständig neu. Mobbingopfer laden durch ihre Körpersprache zum Mobbing ein. Die *Körpersprache* ist nicht die Ursache, aber eine *Einladung fürs Mobbing*.

Eine wirksame Gegenwehr ist es, dem Mobber ganz einfach in die Augen zu schauen. Wer genau hinschaut, wird bemerken, wie ihn das verunsichert. Er schluckt, seine Hände verkrampfen sich, seine Körperhaltung wird unsicher, sein sprachlicher Angriff kommt aus dem Tritt. 1 : 0 für den Angegriffenen.

Der *direkte Blick* ist umso wirksamer, je öfter man bislang weggesehen hat, wenn der Mobber angriff. Jetzt schaut man ihn plötzlich an und zieht drohend die Augenbrauen zusammen: „Nimm dich in Acht!" Testen Sie Ihr Repertoire vor dem Spiegel. Viele Menschen haben ihre eigene, persönliche Variante für einen scharfen Blick. Eine 36-jährige Sekretärin beispielsweise beherrscht einen wunderbaren Blick. Wenn eine Kollegin sie abkanzeln will, schaut sie zuerst etwas gelangweilt halb zur Decke über die Mobberin weg. Das signalisiert: „Dich übersehe ich doch glatt." Wenn die Mobberin dann in Fahrt kommt, senkt sie ganz langsam, wie in Zeitlupe, ihren Kopf und schaut der Frau voll in die Augen. Das bringt auch die hartnäckigste Mobberin aus der Fassung. Besser ist, Sie lassen es gar nicht so weit kommen. Warten Sie nicht, bis jemand auf Sie losgeht. Machen Sie, wie eine Seminarteilnehmerin das nannte, „vorbeugende Hausbesuche". Legen Sie Ihre Route im Büro so, dass Sie an seinem Arbeitsplatz vorbeikommen. Lächeln Sie den Mobber freundlich – natürlich nicht auffordernd! – und bestimmt an und stellen Sie Blickkontakt her. Das signalisiert: „Ich tue dir nichts, wenn du mir nichts tust." Sie werden verblüfft sein, wie ein *wohl dosierter und regelmäßig wiederholter Blickkontakt* die Mobbinglust im Zaum hält. Gelegenheiten für diesen vorbeugenden Warnblick gibt es genug: in der Kaffee-Ecke, im Aufzug, vor dem Kopierer, beim Meeting, auf dem Gang . . .

Es wird immer wieder behauptet, dass Frauen Männer zum Mobben ermutigen, indem sie Blickkontakt herstellten. Wer sein Gegenüber aus aufrechter, offener *Körperhaltung* mit einem direkten „Vorsicht Freundchen"-Blick fixiert, wird nicht gemobbt, sondern respektiert und in Ruhe gelassen. Belästiger gehen vorwiegend auf Frauen los, die durch ihren ausweichenden Blick und eine wenig selbstbewusste Körperhaltung potenzielle Schwäche und Unterwürfigkeit signalisieren. Stärke lädt nicht zum Übergriff ein. Doch mit der Demonstration von Stärke haben manche Menschen Probleme. Sie lächeln auch dann noch, wenn sie gemobbt werden. Es ist ihnen peinlich und sie wollen die Situation mit einem verlegenen Grinsen retten. Damit bewirken sie das Gegenteil: Der Belästiger fasst das als zustimmendes Lächeln und Aufforderung zum Weitermachen auf. Es nützt dann gar nichts, wenn eine Frau hinterher empört behauptet: „Aber so habe ich das doch überhaupt nicht gemeint!" Es war nicht so *gemeint*, aber es hat so *gewirkt*.

Alles beginnt meist ganz harmlos. Ein Kollege erzählt zum Beispiel einen frauenfeindlichen Witz. Die Kollegen hauen sich auf die Schenkel, die Kolleginnen lächeln – es ist ihnen peinlich, wenn jemand sich entblödet, solch eine Zote zum Besten zu geben. Das Signal kommt völlig falsch an: „Guck mal", sagt ein Kollege zum anderen, „die Frauen finden das auch witzig." Und dann geht es weiter. Der Kollege legt väterlich den Arm auf die Schulter der Kollegin, diese lächelt verlegen – er fasst das als Zustimmung auf und steigert seine Übergriffe. Ist dieses Hin und Her aus missverstandener Zustimmung und gesteigerter Belästigung erst einmal in Gang gekommen, geht das meistens bis zum bitteren Ende so weiter. Besser ist es, von Anfang an Stärke demonstrieren und Grenzen aufzeigen: ein direkter Blick, ein böses Gesicht, ein deutliches Wort: „Also, diesen Witz finde ich etwas geschmacklos!" Werden Attacken auf diese Weise zwei- bis dreimal entschieden abgewiesen, sucht sich der Belästiger andere Opfer.

Das Zweitwichtigste für die Abwehr von Mobbing ist die Körperhaltung. *Wie demonstriert man Stärke?* Sie machen sich nicht länger klein, Sie machen sich groß und breit. Stehen Sie eher breitbeinig, Gewicht auf beiden Füßen und frontal zum Gegner. Es macht nichts, wenn Sie nur 65 kg wiegen und einssechzig groß sind. Denken Sie wie ein Kleiderschrank und Sie wirken wie ein Kleiderschrank.

Eine alte Samurai-Weisheit sagt: „Wenn dein Schwert kurz ist, mach einen Schritt nach vorne." Angriff ist die beste Verteidigung. Sie müssen nicht mit den Fäusten auf den Mobber losgehen. Es gibt elegantere Methoden. Sie kennen inzwischen die *Distanzzonen* (siehe Seite 27 f.). Wann immer jemand in eine Distanzzone eindringt, in der er nichts zu suchen hat, reagieren wir mit Abwehr. Wenn man das Prinzip der Distanzzonen auf den Kopf stellt, ist es eine wunderbare Waffe gegen Mobber. Wenn Menschen verärgert auf Distanzverletzungen reagieren – dann rücken Sie dem Mobber auf die Pelle! Die Wirkung ist erstaunlich (siehe Büroszene).

Büroszene: Ein Mobber blitzt ab

Meier baut sich vor Schneider auf und sagt: „Hör mal, wenn du meinst, du kannst das bringen und morgens schon um sieben anfangen, während wir alle um acht anfangen ..." Meier steht in der Dialogzone, also doppelte Armlänge. Das ist die Distanz, in der Boxer kämpfen, und einen verbalen Boxkampf hat Meier ja auch mit Schneider vor. Er hat nur nicht damit gerechnet, dass Schneider in den Nahkampf geht. Er macht einen Schritt nach vorne, er kann fast

Meiers Atem riechen und sagt kalt lächelnd zu ihm: „Kannst du das vielleicht wiederholen? Ich höre heute morgen noch nicht so gut." Diese Drohgebärde zeigt Wirkung. Vor allem, weil das Überraschungsmoment auf Schneiders Seite ist: Mobber sind keine edlen Krieger voll Wagemut und Entschlossenheit. Sie sind meist ziemlich kleinmütige Genossen, die beim ersten Anzeichen von entschlossener Gegenwehr den Rückzug antreten.

Einen fortgeschrittenen Mobber erkennen Sie daran, dass er den Distanzzonen-Trick schon kennt und Ihnen mit dem ersten Wort auf die Pelle rückt. Übertreffen Sie ihn. Er steht ihnen zwar fast auf den Zehen, aber Sie gehen noch dichter heran, fixieren ihn mit dem Blick, reden ruhig weiter und zupfen gleichzeitig ganz beiläufig einen imaginären Fussel von seiner Krawatte. Die Berührung ist immer der einschüchterndste Angriff auf die Intimzone. Die Steigerung kennen Sie auch, den wie ein Messer vorgestreckten Zeigefinger, der dem Gegenüber auf die Brust pocht: „Und das eine kann ich dir sagen. Wenn du meinst, du kannst mir hier krumm kommen ..."

Gehen Sie in die Dialogzone hinein, wenn nötig in die Intimzone und demonstrieren Sie ganz deutlich Ihre *Dominanz:* Ich bin hier der Angreifer, ich habe keine Angst vor Dir, ich weiche nicht von der Stelle. Für

Mobbing trifft Napoleons Ausspruch zu: „Man muss nur länger als der Gegner auf dem Schlachtfeld stehen bleiben, dann hat man schon gewonnen."

Drohgebärden gegen Mobbing

Wenn ein Wolf die Zähne fletscht, wissen andere Tiere: Oha, jetzt wird's gefährlich. Auch der Mensch verfügt über ein Repertoire von Drohgebärden, die jedem anderen Menschen unmittelbar verständlich sind. Wie Ihre Hände eine Mobbing-Abwehr unterstützen können, haben Sie eben gelesen. Der Trick mit dem Fussel ist sehr effektvoll und der drohend auf die Brust tippende Zeigefinger ist die Steigerung. Dazwischen liegt der drohend erhobene Zeigefinger (siehe Zeichnung):

„Reiß dich zusammen, sonst ..."

„Reiß dich zusammen, sonst …" Auch der Zeigefinger, der stumm und vorwurfsvoll auf das Gegenüber deutet und immer wieder zur Betonung vorgeschoben wird, ist eine wirksame Drohgebärde: „Wenn *Sie* glauben, *Sie* könnten hier einfach hereinmarschieren und den großen Maxe markieren, dann haben Sie sich aber geschnitten."

Mit drohend in die Seite gestemmten Armen machen Sie sich breiter. Auch das ist eine *Dominanzgebärde*. Als Drohgebärden gut geeignet sind auch einige *Marotten*. Zum Beispiel, wenn man jedes seiner Worte überdeutlich akzentuiert. Hauen Sie mit der Handfläche auf den Tisch: „Das haben wir *immer* so gemacht und da hat *niemand* etwas dazu gesagt und das *bleibt* so, *basta*." Die Hand klopft eine Trommelbegleitung, die akustisch und visuell Ihre Worte wie Paukenschläge unterstreicht. Die Steigerung davon ist, mit der Faust auf den Tisch zu hauen: „So mein Lieber, das *lasse* ich mir nicht länger *gefallen*."

Wenn Sie eine Brille haben, setzen Sie sie ein! Es gibt wenige Dominanzgebärden, die so vernichtend sind wie ein *strafender Blick* über eine auf die Nasenspitze geschobene Brille hinweg. Vor allem, wenn man gar nichts dazu sagt und sich dann wie ein Oberlehrer kommentarlos von einem Schüler abwendet. Wenn Sie überzeugend den Oberlehrer geben, dann rutscht der Mobber in die Schüler-Rolle hi-

nein. Wenn Sie glauben, dass eine Drohgebärde oder eine Rolle nicht zu Ihnen passt, dann wählen Sie eine andere. Es gibt viele Körpersignale, mit denen Sie sich unerwünschte Zeitgenossen vom Hals halten können.

Wer sich nicht wehrt, lebt verkehrt

Man kann jede Situation als Opfer oder als Täter erleben. Wenn wir klein und geduckt durchs Leben gehen, dann werden wir klein gemacht. Wer aufrecht den Dingen ins Auge schaut, kommt weiter. Je konsequenter Sie sich mit Ihrer Körperhaltung als aufrechter Streiter profilieren, desto stärker verändert sich auch Ihre innere Einstellung: Sie lassen sich immer weniger gefallen.

„Aber wenn ich auf den Tisch haue, dann wird die Stimmung am Arbeitsplatz ja noch mieser!" Vielleicht. Aber was passiert, wenn Sie es nicht tun? Wer sich nicht wehrt, bekommt immer noch eins drauf. Wer sich wehrt, verschafft sich *Respekt*, zunächst einmal vor den anderen und dann auch vor sich selbst. Und wer respektiert wird, wird nicht gemobbt.

Haben Sie mit dem Mobber schon mal in aller Güte geredet? Nicht: „Da müssen wir mal drüber reden." Pauschaldiskussionen bringen nichts. Warten Sie auf den nächsten konkreten Anlass und fragen Sie dann: „Warum bist du so sauer auf mich? Was habe ich getan?" Dann kommen Sie möglicherweise den Ursachen auf die Spur.

Büroszene: Ursachen des Mobbings

Die 25-jährige Assistentin des Abteilungsleiters wird gemobbt: Die Kollegen schneiden sie konsequent. Als ein Kollege mal wieder seine Unterlagen wortlos auf ihren Tisch pfeffert, fragt sie: „Warum so stumm? Was habe ich dir denn getan?" Nach einigem Nachbohren sagt der Kollege: „Wer sich so beim Chef einschleimt, mit dem rede ich nicht." Das ist der Augenblick der Wahrheit. Wenn Sie akzeptieren, dass die Kollegen möglicherweise einen Grund für überzogenes Mobbing haben, dann können Sie es an der Wurzel packen. Die Assistentin hatte sich nie beim Chef eingeschmeichelt, hatte aber den Eindruck erweckt. Seit sie den Grund für das Mobbing erfahren hat, lässt sie ab und zu Klatschgeschichten über den Chef durchsickern, gibt den Kollegen Tipps, wen der Chef wieder auf dem Kieker hat und zeigt auch sonst eine kritische Distanz zum Abteilungsleiter. Diese Manöver und ihre aufrechte Art haben das Klima sehr verbessert. Es hilft, wenn zu einer aufrechten Körperhaltung auch noch eine aufrechte Geisteshaltung kommt. Das eine fördert hier das andere.

Mobbing ist ein schwer wiegendes Problem. Viele Menschen glauben, dass sie allein nichts ausrichten können und dass die anderen schuld sind. Natürlich ist immer etwas zu machen und auch einer allein kann etwas ausrichten. Ein wenig ist jeder auch selbst schuld. Man gewöhnt sich viel zu schnell an eine Rolle als armes Opfer.

Versuchen Sie, nur drei Tage hintereinander Blickkontakt herzustellen, aufrecht durchs Leben zu gehen und Ihre Hände sprechen zu lassen. *Beobachten* Sie die Wirkung. Und dann *entscheiden* Sie neu, ob Sie selbst nichts ändern können.

»Jeder hat den Chef, den er sich erzieht.«

TOM PETERS, MANAGEMENT-GURU

■

CHEF UND MITARBEITER

Den Chef im Auge behalten

Gute Chefs sind fach- und führungskompetent und „menschlich in Ordnung", wie es so schön heißt. Gute Chefs sind selten. Und je weniger führungskompetent Ihr Vorgesetzter ist, deso gefährlicher sind Ihre eigenen Körpersignale. Denken Sie an Thomas Knaus (siehe Seite 11 f.). Ein guter Chef hätte Thomas Knaus gefragt: „Warum sitzen Sie so zerknirscht da? Was bedrückt Sie denn? Raus mit der Sprache, dann klären wir das." Doch zumindest an diesem Tag lässt der Chef nicht mit sich reden.

Wenn der Chef schlecht gelaunt ist, behandelt er uns so, wie wir auftreten. Wer dasitzt wie ein armer Sünder, wird wie ein armer Sünder behandelt. Und wieder spielt uns eine Sinnestäuschung einen Streich, denn Thomas Knaus glaubt, er habe einen gemeinen und ungerechten Chef, weil der ihn abkanzelt. Das stimmt nicht. Thomas Knaus hat seinen Chef selber dazu gebracht, ihn ungerecht zu behandeln, denn er hat die falschen Signale ausgesendet und sich kleiner gemacht als er ist. Er ordnete sich mit seinen Signalen unter – der Chef ging auf diese *Unterordnung* ein. „An gewissen Tagen muss man sich einfach vor dem Chef zu schützen wissen", sagt eine Sachbearbeiterin. Ein Schutz durch Worte wirkt kaum: „Das ist doch nicht so schlimm, Chef." „Hören Sie mal, dafür kann ich doch nichts!" Der Chef reagiert weniger auf Worte als auf Taten und unsere Signale beeinflussen ihn. Die Frage ist: Beeinflussen wir ihn für uns oder gegen uns?

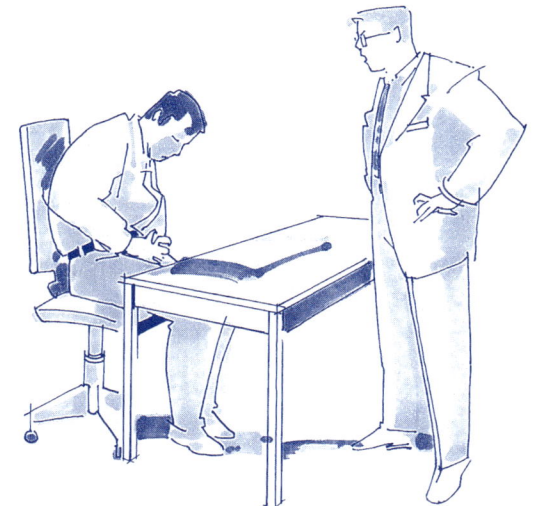

Es ist nicht so wichtig, was wir sagen. *Wie* **wir es sagen, ist viel wichtiger. Unsere Stimme und unsere Körperhaltung wirken fünf- bzw. achtmal stärker auf unser Gegenüber als der Inhalt unserer Worte**

Auf welche Signale müssen wir achten? Ganz wichtig ist der *Blickkontakt*. Es gilt die Faustregel: Je brenzliger die Situation, desto stärker sollte man den Chef im Auge behalten. Haben Sie schon einmal beobachtet, wie ausweichend Kollegen ihren Chef ansehen, wenn die Situation sich zuspitzt? Sie spielen „Indianer-Duell" und verlieren dabei, denn sie brechen den Blickkontakt ab, schauen auf ihre Unterlagen, weichen seinem Blick aus, blicken zu Boden, schauen ihn von unten herauf oder aus den Augenwinkeln an oder halten seinem Blick nicht stand. Damit bauen sie das eigene Selbstvertrauen ab und signalisieren Unsicherheit, Schuldbewusstsein und mangelnde Kompetenz. „Je mieser der Chef drauf ist, umso weniger lasse ich ihn aus den Augen", sagt ein Bauzeichner. Wer den Blickkontakt hält, behält den Einfluss auf die Situation. Der eisern gehaltene

Blickkontakt signalisiert dem Chef: „Pass auf, was du sagst! Ich behalte dich im Auge!" Außerdem wirkt sich der Blickkontakt auf unser *Selbstwertgefühl* aus: Wer einer Gefahr „ins Auge schaut", ist stark und selbstsicher.

Übung:
Dem Chef ins Auge schauen

Rufen Sie sich das letzte Mal ins Gedächtnis, als Sie Ihr Chef schlecht behandelte oder nervös machte. Wohin ging Ihr Blick? Nun stellen Sie sich vor, wie Sie in derselben Situation kühl, aufrecht, direkt und geradeaus dem Chef ins Auge sehen. Es hilft, wenn man dabei ein Idol nachahmt. „Ich stelle mir vor, wie John Wayne ihn fixiert hätte", sagt ein Abteilungsleiter. „Ich versuche dreinzuschauen wie Sigourney Weaver in ‚Alien'", meint eine Sekretärin. Sie können sich dabei auch denken: „Mit mir nicht, mein Lieber." Wie fühlen Sie sich dabei?

Leider reagieren wir unter *Stress* unwillkürlich mit dem falschen Signal: Wir weichen dem Blick eines Höhergestellten aus – vor allem, wenn er wütend ist oder Druck ausübt. Ein Vorstandsassistent berichtet: „Ich habe Monate gebraucht, um dem durchdringenden Blick meines Chefs standzuhalten, wenn er wütend ist. Aber seit ich es gelernt habe, behandelt er mich mit mehr Respekt." Natürlich, denn jetzt ordnet sich der Assistent nicht mehr unter. Dieser abgewandte Blick im Angesicht eines Vorgesetzten passiert automatisch, weil er in vielen Bereichen des Lebens ritualisiert ist. Bei der Bundeswehr zum Beispiel – und in anderen Armeen der Welt – ist es den Soldaten nicht gestattet, beim „Stillgestanden" den Vorgesetzten anzusehen. Selbst wenn er einen aus so kurzer Distanz anspricht, dass man seinen Atem spürt, muss man streng über seine Schulter ins Nichts blicken. Eigentlich ist das nicht normal – normalerweise schaut man den an, mit dem man spricht. Doch *ohne lästigen Blickkontakt* kann der Vorgesetzte nach Herzenslust maßregeln. Ein abgewandter Blick signalisiert ihm Unterordnung.

Doch wenn der vermeintlich Untergeordnete nun plötzlich kühl den Vorgesetzten fixiert, dann kommt der nicht selten ins Schleudern. Eine Chefsekretärin erzählt: „Wenn mein Chef lostobt, dann schaue ich ihn einfach ruhig und freundlich an – spätestens nach zehn Sekunden kommt er aus dem Konzept." Logisch, denn der *direkte Blick* stellt seine Überordnung infrage. Wer nicht mehr übergeordnet ist, kann auch nicht länger „von oben herab" mit jemandem reden.

Übung: Der Löwenbändigerblick

Blickkontakt löst eine Art Beißhemmung aus. Wer in kritischen Situationen diesen hemmenden Blickkontakt aufgibt, unterwirft sich stumm. Er nimmt sein Selbstbewusstsein zurück und lädt den anderen zum Übergriff ein. Deshalb ist es wichtig, den *Reflex* für den ausweichenden Blick durch ein anderes Programm zu *ersetzen*. Gerade gegenüber dem Chef fällt uns das besonders schwer. Eine Sachbearbeiterin sagt: „Ich kann den fiesen Kerl nicht anblicken, wenn er Unsinn redet – da bekomme ich Magenkrämpfe." Es hilft, wenn man sich in einer ruhigen Minute lediglich vorstellt, wie man dem Chef ins Auge blickt.

Wenn diese Vorstellung fünf bis sieben Mal hintereinander gelingt, dann kann man kleine Schritte in der Realität wagen. Dem Chef ins Auge blicken, wenn er gut gelaunt ist, und sich dann langsam steigern: ihn anschauen, wenn er nervös ist – wenn er Stress macht – wenn er tobt. Nützlich ist es, dabei an etwas zu denken. Ein Maschinenschlosser gibt den Tipp: „Ich denke immer an seinen Blutdruck, wenn er auf mich losgeht. Dann lächle ich automatisch." Eine Sachbearbeiterin meint: „Ich denke immer ‚Bin ich froh, dass ich nicht mit dir verheiratet bin'. Das hilft mir, ihm ins Gesicht zu sehen."

Den Chef auf Distanz halten: Lächeln

Wenn ein Kollege grob wird, halten wir ihn auf Distanz: „Vorsicht, Freundchen, immer mit der Ruhe." Dem Chef können wir das nicht sagen – er ist eben vor-gesetzt. Also müssen wir ihn auf andere Weise auf Distanz halten. Viele Mitarbeiter gehen intuitiv zum verbalen Gegenangriff über: „Aber das stimmt doch alles gar nicht!" Das bringt im Allgemeinen nicht viel. Viel wirkungsvoller als Reden ist ein ganz kleines Signal: Lä-

cheln. Wenn man sich innerlich vom Ärger *distanziert*, gehen Attacken an einem vorüber – eine hohe Kunst und doch ganz einfach. Es braucht nur ein Lächeln. „Ich bewundere meine Kollegin", sagt ein Ingenieur, „wenn's dicke kommt, wird sie betont ruhig. Wenn's ganz dicke kommt, lächelt sie ganz fein – dieser Abstand ist beneidenswert." Wenn es zu Stress kommt, ist ein Lächeln – oder jede andere *Technik der Dissoziation*, wie die Psychologen das nennen – eine äußerst wirksame Abwehrmaßnahme. Lächeln hat einen hohen Wirkungsgrad, es hält innerlich aus der bedrohlichen Situation heraus und bewirkt gleichzeitig das Ausschütten von Wohlfühl-Hormonen. Genau das, was man im Stress braucht. Wieder wirkt das *Umkehrprinzip:* Wenn der Geist den Körper verkrampft, entkrampfen wir wirkungsvoll den angespannten Geist mit einem entspannten Körpersignal.

Doch Lächeln hat nicht nur eine große Wirkung auf unsere Selbstsicherheit und Stressresistenz. Es signalisiert auch dem Chef: „Ich lasse mich nicht aus der Ruhe bringen!" Jedem Angreifer nimmt es den Wind aus den Segeln, wenn das Opfer sich weder verzweifelt wehrt noch sich hilflos zusammenrollt, sondern *selbstbewusst* lächelt. „Lächeln ist die eleganteste Art, einem Gegner die Zähne zu zeigen", sagt ein Spruch. Selbstsicherheit irritiert jeden Angreifer und er zieht sich oft zurück.

Wenn Ihr Chef Sie ärgert – lächeln Sie!

Übung:
Lächeln als Stoßstange

Machen Sie die Probe aufs Exempel. Spüren Sie in sich hinein: Wie fühlen Sie sich gerade? Was machen Ihre Gesichtsmuskeln? Woran denken Sie? Und jetzt lächeln Sie. Verziehen Sie einfach probehalber für fünf Sekunden die Gesichtsmuskeln, nehmen Sie die Lippen auseinander und horchen Sie in sich hinein. Mit etwas Körperwahrnehmung können Sie förmlich die Wirkung der Hormone spüren, die bei der Kontraktion der Gesichtsmuskeln ausgeschüttet werden. Diesen Automatismus wollen wir nutzen, damit uns bedrohliche Situationen nicht zu nahe gehen. Lächeln erfüllt die Funktion einer Stressstoßstange. Stellen Sie sich einfach die nächste bedrohliche Situation mit dem Chef vor – im Psychologendeutsch heißt das *Antizipation*. Erleben Sie vor dem inneren Auge Ihre übliche Reaktion. Bei der Wiederholung stellen Sie sich vor, wie Sie lächeln. Beobachten Sie, wie Sie sich dabei fühlen. Sie können sich sogar ausmalen, wie positiv der Chef darauf reagiert: Er regt sich nicht weiter auf oder lenkt ein.

Lassen Sie diesen positiven Film fünf- bis sechsmal vor Ihrem geistigen Auge ablaufen. Durch die Wiederholung programmieren Sie sich darauf, dass Sie tatsächlich in der unangenehmen Situation lächeln, cool bleiben und damit die Situation entschärfen, anstatt klein beizugeben oder sich in einen nervenaufreibenden Streit hineinziehen zu lassen. Wer sich distanziert, bewahrt seine innere Autonomie und Gelassenheit und entspannt die Situation. Lächeln – ein kleines Signal mit großer Wirkung.

Auch Chefs sind Menschen

Oft genug bringen wir einen Chef in Rage, ohne es zu bemerken. In einer Besprechung platzt beispielsweise der Chef plötzlich heraus: „Frau Messerschmidt, Sie sind doch gegen alles, was ich sage! Sie können überhaupt nicht konstruktiv denken!" Sigrid Messerschmidt erschrickt und fühlt sich völlig ungerecht behandelt: „Wenn er neun Vorschläge macht und ich bei einem einzigen den Kopf schüttle, wieso glaubt er dann, dass ich gegen alles bin, was er sagt?" Weil ihre Körpersprache gegen sie spricht: Neun Vorschläge akzeptiert sie ohne mit der Wimper zu zucken und beim zehnten verkneift sie den Mund, schüttelt den

Kopf und dreht die Augen zur Decke. Sie *zeigt* dem Chef immer nur Ablehnung, nie Zustimmung. Starke und selbstsichere Chefs kümmert das wenig. Doch selbst starken Vorgesetzten geht es irgendwann auf die Nerven, wenn ihnen verdiente Anerkennung durch die eigenen Untergebenen vorenthalten wird. Sie müssen sich dann abreagieren.

Auch Chefs, wie jeder andere Mensch auch, brauchen Anerkennung. Besonders unsichere Vorgesetzte halten signalisierte Ablehnung für eine Majestätsbeleidigung und lassen es ihre Angestellten irgendwann spüren. Es erleichtert die Beziehung zum Chef, wenn man ihm ab und an signalisiert, dass man ihn akzeptiert. Ein kleines, anerkennendes Lächeln genügt schon. Wenn der Chef redet, nickt man ab und zu, äußert kommentierende Laute und zeigt eine offene Körperhaltung. Unsichere Chefs möchten gegrüßt werden. Sie grüßen zwar selten zurück, doch sie registrieren sehr fein, wer sie grüßt und wer nicht. Wer glaubt, mit konstruktiven Körpersignalen dem Chef zu schmeicheln, der irrt. Einen Gefallen tut man sich selbst damit, wenn man den Chef mit Respekt behandelt und ihn dadurch umgänglicher macht.

Leider *reagieren* wir oft spontan falsch. Wenn die Situation ohnehin angespannt ist und der Chef in unseren Augen Unsinn redet, dann fällt es uns oft nicht ein, ihn auch noch freundlich

Mit welcher Haltung wollen Sie diese brenzlige Situation überstehen?

anzublicken. Aber genau dann wäre es am nötigsten! Leider *spiegeln* wir gerade dann automatisch sein Verhalten. Doch mit ein wenig Training lässt sich diese Reaktion durch eine bessere ersetzen. Eine Büroangestellte sagt: „Je trüber der Chef dreinblickt, desto aufmerksamer, freundlicher, aber auch selbstsicherer trete ich auf. Er soll sehen, dass ich ihn mit Respekt behandle, aber dass er sich gleichzeitig keine Hoffnung zu machen braucht, an mir seine schlechte Laune auslassen zu können." Man braucht nicht alles super zu finden, was ein Chef tut oder sagt, aber man sollte ihm ein Mindestmaß an Respekt zeigen. Er dankt es einem immer – ohne Worte. Jeder weiß, dass schlecht geführte Mitarbeiter schlecht arbeiten – wieso sollte das bei einem Chef anders sein? Ein schlecht geführter Chef arbeitet schlecht. Führen Sie ihn gut.

Wenn Erwachsene zum Kind werden

Hören Sie einmal zu, wenn Ihr Kollege eine Vorhaltung des Chefs erwidert. Meist geht das so: „Aber Chef, wie soll ich denn das wissen? Das hat mir keiner gesagt. Außerdem, wie kann ich das rechtzeitig ausliefern, wenn die Dispo mir die Zahlen so spät gibt?" Man kann es fast schon beim Lesen hören: Die Stimme ist klagend und hoch und rutscht zum Satzende wehleidig noch ein bisschen höher. Man meint, ein kleines Kind quengelt. Mit so einer Stimme macht man sich klein vor dem Chef. Und natürlich behandelt der Chef seinen Angestellten dann nach der *angebotenen Rolle:*

Auch das ist ein Mechanismus der Körpersprache: Man behandelt uns so wie die Rolle, die wir spielen, es verlangt. Wer als Kind daherkommt, wird als Kind behandelt. Wenn man Glück hat, spielt der Vorgesetzte gerade die Rolle des geduldigen Elternteils und sagt: „Aber, aber, jetzt regen Sie sich mal nicht auf, das sollte doch eben kein Vorwurf sein!" Wenn man Pech hat, wird der Chef zum strengen Elternteil: „Reden Sie kein dummes Zeug! Das müssen Sie doch längst wissen!" Es ist riskant, sich mit der Stimme klein zu machen. Wenn der Chef sowieso ärgerlich ist, wird er sich kaum auf seine Rolle als guter Vater der Abteilung besinnen. Sicherer ist es, mit seiner Stimme in die *Rolle des Er-*

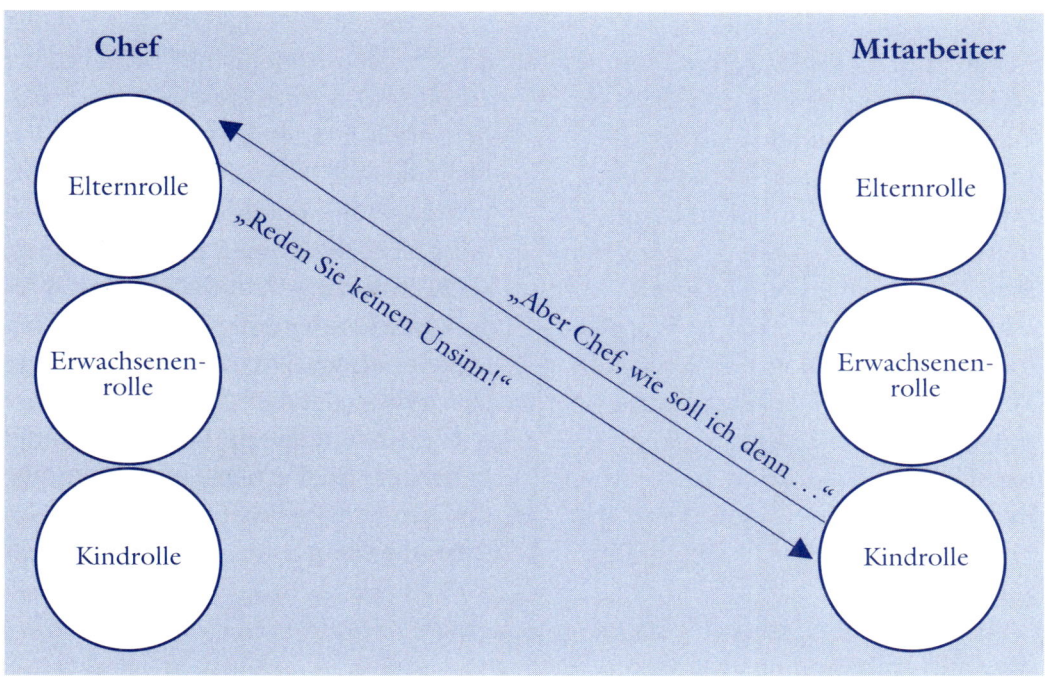

wachsenen zu schlüpfen: „Ich verstehe, dass Sie ärgerlich sind. Das ist auch wirklich eine dumme Sache. Leider habe ich die Zahlen erst gestern bekommen. Hier, sehen Sie, ist der Eingangsvermerk." Das alles in einer ruhigen, sachlichen, vielleicht extra tiefen Stimme gesprochen. So findet der Chef keinen Anlass, den strengen Vater herauszukehren.

Dieser *erwachsene Tonfall* ist ein wahrer „Lebensretter", wie ein 45-jähriger Projektleiter eines Automobilbauers versichert: „Oft weiß ich einfach nicht, was ich dem Boss erwidern soll. Früher sagte ich dann überhaupt nichts, weil nichts zu sagen war. Das brachte ihn nur noch mehr auf. Jetzt sage ich irgendwelche Belanglosigkeiten, oft wiederhole ich nur in anderen Worten, was er gerade gesagt hat. Aber in einer festen, unbeirrbaren Stimme, also ob ich super Bescheid wüsste. Eigentlich ist das paradox, aber es scheint, als ob ihn der bloße Klang meiner Stimme dann schon beruhigt." Stellen Sie sich den Klang einer verunsicherten Stimme vor: Sie zittert, schwankt, kiekst, stottert ... Wir glauben ihr nicht, auch wenn sie die volle Wahrheit sagt. Umgekehrt kann man mit den größten Belanglosigkeiten nachhaltigen Eindruck machen, wenn man sie mit sonorer Stimme vorträgt. Die *Stimme* wirkt, nicht so sehr der Inhalt der Worte.

Immer wenn es kritisch wird, wenn der Chef etwas von uns will oder wir etwas vom Chef wollen, dann steigern wir unsere Chancen enorm, wenn wir auf unsere Stimme achten.

Büroszene: Das Kind im Chef

Eine Projektmanagerin, die die „Stimmkunst" zur Perfektion gebracht hat, hat einen Chef, der leicht die Nerven verliert und „mitten im Projekt die Gäule scheu macht, sobald das kleinste Hindernis auftaucht", wie sie das ausdrückt. „Er kommt dann immer ganz aufgeregt hereingerannt und ruft Zeter und Mordio. Früher habe ich versucht, ihm seine Bedenken mit wohl überlegten Argumenten auszureden. Heute mache ich das nicht mehr." Sie sagt lediglich in beruhigendem Tonfall, betont langsam und mit gesenkter Stimme: „Keine Sorge Chef, das kriegen wir wieder hin. Da haben wir schon ganz andere krumme Dinger wieder gerade gebogen. Überlassen Sie einfach alles mir." Das sind nicht mehr als beruhigende Geräusche, kleine Signale mit großer Wirkung: Der Chef zieht tatsächlich beruhigt ab. Nicht logische Argumente beruhigen ihn, sondern Stimmsignale. Als zweifache Mutter weiß sie: „Ich rede so mit dem Chef, wie ich früher mit meinen kleinen Söhnen geredet habe." Der Chef „spielt" in der Kindrolle und erwartet, dass jemand die Elternrolle übernimmt.

Die starke Hand, die den Chef führt

Wie würden Sie dieses Auftreten der Projektmanagerin und Mutter oben bezeichnen? Selbstsicher, erwachsen, selbstbewusst, unbefangen oder unerschrocken sind Worte, die einem dazu einfallen. So führt man seinen Chef. Wer dagegen schon mit relativ wenig Selbstwertgefühl durchs Leben geht, den verunsichert es bereits, wenn der Chef ihn einmal nicht grüßt: „Was habe ich getan? Habe ich einen Fehler gemacht? Oje, er hasst mich! Jetzt kann ich den Urlaub über die Feiertage wohl vergessen!" Dabei ist der Chef nur verkatert. Das ist des Pudels Kern: Nicht der Chef ist ein Problem, sondern die eigene Verunsicherung. Stellen Sie sich einen äußerst selbstbewussten Menschen vor, einen, den nichts umwerfen kann. Vielleicht kennen Sie sogar solch einen Kollegen. Den bringt selbst der ärgerlichste Chef nicht aus der Ruhe. Ganz im Gegenteil: Oft reagiert der Chef selbst mit Verunsicherung, wenn dieser Mitarbeiter sich einfach nicht aus dem Lot bringen lässt. Je härter die Attacke von außen, desto besser schützt uns ein starkes Selbstbewusstsein.

Wenn wir uns ohnehin selbstbewusst *fühlen, demonstrieren* wir auch Selbstbewusstsein. Wenn es uns aber aus irgendeinem Grund gerade nicht gut geht oder der Chef uns auf dem linken Fuß erwischt, dann reagieren wir oft verunsichert und das Ganze nimmt seinen Lauf: Der Chef reagiert auf unsere Unsicherheit mit stärkeren Attacken, wir werden noch unsicherer – ein Teufelskreis, der nicht selten und nach Jahren mit psychosomatischen Beschwerden endet. Also müssen wir das alte Programm Unsicherheit mit einem neuen überschreiben. Einem, das uns auch in kritischen Situationen automatisch mit einem kräftigen Schub Selbstvertrauen versorgt. Mit dem Umkehrprinzip ist das ganz einfach.

Übung:
Tapferkeit vor dem Chef

Wer selbstsicher ist, sendet selbstsichere Signale und hält so den Chef auf Distanz. Wer unsicher ist, sendet Signale der Unsicherheit. Man kann das Ganze aber auch auf den Kopf stellen. Wer unsicher ist und trotzdem bewusst selbstsichere Signale sendet, fühlt sich sicher und hält den Chef auf Distanz. Ein Körper, der selbstsicher agiert, veranlasst auch den Geist, sich selbstsicher zu fühlen. *Tu alles, was ein selbstsicherer Mensch macht, und du fühlst dich selbstsicher.* Eine Programmiererin erzählt: „Ich habe viel von meinem älteren Kollegen gelernt. Wenn der Chef reinstürmt und etwas Unmögliches von uns verlangt, steht der Kollege erst mal auf, richtet sich zur vollen Größe auf, macht ein ernstes Gesicht und fragt dann betont freundlich: ‚Ja, was gibt's denn?' Ich fühlte mich schon sicherer, wenn ich ihm nur zuschaute." Diese Anti-Stress-Taktik ist trainierbar, sodass wir sie jederzeit in Sekundenschnelle abrufen können. Dann reagieren wir spontan selbstsicher.

Starten Sie Ihr eigenes Anti-Stress-Trainingsprogramm:

■ Stellen Sie sich eine Situation mit Ihrem Chef vor, in der Sie dringend große Selbstsicherheit brauchen. Wählen Sie zunächst eine Situation, die Sie bewältigen können, und steigern Sie später die Anforderungen. Stellen Sie sich vor, Sie befänden sich jetzt in dieser Situation:
■ Richten Sie sich auf,
■ wenden Sie sich ganz Ihrem Chef zu,
■ atmen Sie tief durch,
■ stellen Sie Blickkontakt zum imaginären Chef her,
■ lächeln Sie und
■ sagen Sie ein, zwei Sätze mit ruhiger, tiefer, fester Stimme.
■ Beobachten Sie, wie Ihr Selbstvertrauen mit jedem Signal steigt.

■ Stellen Sie sich zum Schluss vor, wie der Chef positiv reagiert.
■ Wiederholen Sie diesen inneren Film so oft, bis er so reibungslos abläuft, dass Sie sich sicher fühlen.
■ Wenn die vorweggenommene Situation eintrifft, achten Sie darauf, wie gut Ihr Programm abläuft und was noch besser laufen könnte.

Welche Rolle spielen Sie?

Es gibt Menschen, die haben Probleme, diese Tipps umzusetzen. Sie berichten beispielsweise: „Ich habe den Löwenbändigerblick wirklich im Trokkenen Dutzende Male geübt – aber wenn's darauf ankommt, weiche ich dem Blick des Chefs doch wieder aus!" Andere sagen: „Die Tipps sind schon in Ordnung, aber warum soll ich mich denn ändern? Das muss doch der Chef tun!" Wenn Sie auf solche oder ähnliche zähe Lernhindernisse stoßen, könnte ein *Rollenkonflikt* vorliegen. Was die empfohlenen Körpersignale nämlich alle gemeinsam haben: Sie demonstrieren Selbstsicherheit. So seltsam das klingt: Selbstsicherheit passt nicht zur Rolle vieler Menschen. Sie erwarten vielmehr vom Chef, dass er sie führt, gut behandelt und sagt, wo's lang geht. Sie erwarten, dass er in eine Art Vaterrolle schlüpft: streng, aber gut. Umgekehrt schlüpfen sie in die Kindrolle: brav und folgsam – oder trotzig und bockig: „Auch wenn die Kritik des Chefs völlig berechtigt ist, stell ich auf stur, dreh ihm die kalte Schulter zu und schmolle", sagt ein Kontakter in einer Werbeagentur. „Hinterher denke ich dann: Warum verhalte ich mich bloß so kindisch?" Egal, ob die Kindrolle brav oder trotzig ist, Selbstsicherheit hat darin keinen Platz. Und alle Tipps, die Selbstsicherheit vermitteln, können nicht umgesetzt werden, weil sie nicht zur Rolle passen.

Diese Rolle ist unterschiedlich gefestigt. Manche Menschen können leicht ausbrechen und schlüpfen bei Bedarf in die Erwachsenenrolle: selbstbewusst und selbstbestimmt. Sie lassen sich nicht herumkommandieren und behandeln andere wie Partner – auch den Chef. Andere Menschen haben ihre liebe Mühe, auch nur ein klein wenig aus der Rolle auszubrechen. Sie brauchen vielleicht einen Coach, einen professionellen Berater, um aus ihrer Rolle auszubrechen. Man kann das aber auch auf eigene Faust versuchen. Denn eine Rolle dominiert unser Leben nie vollständig. Andere Rollen sind immer parat. Man muss sie nur wieder entdecken und aktivieren. Dafür gibt es viele Ansätze, zum Beispiel:

■   Selbsterkenntnis ist der erste Weg zur Besserung. Fragen Sie sich immer wieder: *Welche Rolle spiele ich gerade?* Sobald Sie merken, dass Sie wieder in die Kindrolle schlüpfen, stellen Sie sich die Frage: Wie sieht eine „erwachsene" Einstellung zur Situation aus? Sie ist zum Beispiel rein an der Sache interessiert, logisch, vernünftig und lösungsorientiert. Stimmt die Einstellung, ändert sich die Rolle.

■   Fragen Sie sich: *Wie verhält sich jemand, der in der Erwachsenenrolle steckt?* Er tritt sicher auf, behandelt den anderen als ebenbürtigen Partner – auch wenn er hierarchisch höher gestellt ist – blickt ihm frei ins Auge, atmet ruhig, gestikuliert überzeugt. Wer sich wie ein Erwachsener verhält, schlüpft automatisch in die Erwachsenenrolle.

Das Schöne an diesem Rollenspiel: Wenn Sie nicht ständig die Kindrolle geben, gewöhnt sich Ihr Chef auch langsam die Vaterrolle ab. Denn Menschen haben die Tendenz, angebotene Rollen zu akzeptieren. Wer als Kind auftritt, provoziert Vatergehabe. Wer als *Partner* auftritt, zieht den anderen auch in die *Erwachsenenrolle*.

Den Chef respektieren

Es gibt Chefs, die vertragen keine selbstbewussten Mitarbeiter. Sie werden dadurch unangenehm an ihre eigene Unsicherheit erinnert oder fühlen ihre Position bedroht, reagieren aggressiv. Ein Abteilungsleiter begrüßte bei jeder Abteilungsleiter-Sitzung zuerst immer die versammelten Kollegen per Handschlag und plauderte ein wenig mit ihnen. Sein vorgesetzter Bereichsleiter, der nicht so kontaktfreudig war, fuhr irgendwann dazwischen: „Wenn Sie endlich mit Ihrer Shake-hands-Orgie zu Ende sind, Herr Müller, könnten wir dann anfangen?" Es waren noch fünf Minuten bis zum angesetzten Sitzungstermin. Der Chef war neidisch auf das demonstrierte Selbstbewusstsein. Der Abteilungsleiter reagierte klug und trabte fortan brav wie die anderen ins Sitzungszimmer und setzte sich stumm. Die Beziehungspflege seines kollegialen Netzwerkes betrieb er nur noch, wenn der Chef nicht dabei war.

Es gibt Chefs, denen muss man hin und wieder *demonstrativ* Respekt zollen. Der Ausdruck ist treffend: Respekt ist quasi der Wegezoll, mit dem man sich eine unbehelligte Weiterreise sichert. Je unsicherer der Chef, desto öfter und betonter muss man ihn respektieren: zum Beispiel eifrig mitnicken, wenn er etwas erzählt, und ihm an den Lippen hängen. Normalerweise reagiert der Chef auf diese Vorleistung mit einer Gegenleistung: Er behandelt einen gut, da man ihm „den nötigen Respekt" schenkt. Ein Ingenieur hat damit Erfahrung: „Der Chef ist einfach umgänglicher, wenn man ihm manchmal signalisiert, dass er hier das

Sagen hat – auch wenn das nicht stimmt." Es gibt aber auch Chefs, die nutzen diese Respektbezeugung gnadenlos aus. Sie verlangen keinen Respekt, sondern *Unterwerfung*, und belohnen das dann noch nicht einmal. „Wenn ich Ja und Amen sage, um den Chef loszuwerden", erzählt eine Sachbearbeiterin, „werde ich ihn nicht los, er setzt dann nur noch eins obendrauf und nutzt mich richtig aus." Solche Chefs, die sich nicht an die marktwirtschaftlichen Regeln von Leistung und Gegenleistung halten, sollte man ganz einfach auf Distanz halten.

Büroszene: Die Krawatte macht den Manager

Diese Büroszene ereignete sich in einem Stuttgarter Unternehmen Ende der 8oer Jahre. Ein frisch eingestellter Projektmanager erhielt in seinen ersten beiden Beurteilungen den Bescheid: „Sie verhalten sich noch nicht wie ein richtiger Manager." Als er wissen wollte, was das konkret zu bedeuten habe, gab der Vorgesetzte nur ausweichende Antworten. Als der Jungmanager nach der zweiten negativen Beurteilung etwas ratlos in seinem Büro saß und laut darüber nachdachte, ob er vielleicht extra einen Management-Kurs belegen sollte, riet ihm eine Kollegin: „Ach was, die fachliche Kompetenz ist völlig zweitrangig. Der Chef schaut nur aufs Äußere. Der sieht deine Jeans und deine Flanell-

Hemden und hält dich für einen Müsli-Typen." Der Jungmanager – frisch von der Uni und noch voller Illusionen – bestritt das vehement: „Es kommt darauf an, was ein Manager leistet und nicht, wie er aussieht." Davon war er so überzeugt, dass er eine Wette anbot. Ab sofort würde er Hemd, Krawatte und Sakko tragen, in allen anderen Punkten aber streng bei seinem alten Verhalten bleiben. Also weiter freche Berliner Schnauze, zu Sitzungen zu spät kommen und mit seinen akademischen Theorien angeben. Bei der nächsten Beurteilung würde die Kollegin schon sehen, dass Kleidung überhaupt kein Beurteilungsfaktor sei. Sie brauchte nicht einmal so lange zu warten. Nach zwei Wochen nahm der Chef den Jungmanager beiseite und sagte: „Gratuliere. Endlich verhalten Sie sich wie ein echter Manager. Ich weiß nicht, woran das liegt. Aber wahrscheinlich hat meine letzte Beurteilung etwas bei Ihnen bewegt." Die verlorene Wette gab natürlich ein großes Hallo und seitdem kursiert in der Firma der Spruch: „Bei uns muss ein Manager zwei Dinge haben: keine Ahnung und einen Maßanzug."

Der Chef als Modeberater

Je weniger ein Chef die tatsächliche Leistung eines Mitarbeiters einschätzen kann, desto stärker orientiert er sich bei der Beurteilung an Hilfsgrößen wie dem äußeren *Erscheinungsbild*. Das ist eine ganz natürliche menschliche Reaktion und gilt vor allem für Management-Positionen – bei einem Akkordarbeiter sieht der Chef ja viel genauer, was er leistet. Wenn sie nichts über Körpersprache wissen, erleben solche Chefs in der Regel den *Halo-Effekt:* Wer gut gekleidet ist, wirkt auf sie sympathisch und daher automatisch kompetent. Dabei bedeutet „gut gekleidet" immer: passend zur Umgebung. In der Bank passt ein anderes Outfit als im Chemie-Labor. Wer mit seiner Kleidung signalisiert „Ich gehöre dazu", wird als sympathisch und damit auch als kompetent wahrgenommen und auch so beurteilt. Vor allem, wenn man neu in eine Position kommt, ist die Kleidung entscheidend. Wenn der Chef dann über Monate und Jahre bemerkt, was man wirklich leistet, achtet er weniger auf die Kleidung. Verdiente Mitarbeiter können es sich dann auch leisten, mal in Jeans ins Büro zu kommen.

Man könnte sogar die These wagen, dass mancher Vorgesetzte mehr Wert auf Kleidung als auf Leistung legt. Der Senior Product Manager eines süddeutschen Investitionsgüter-Herstellers wies einen Junior Product Manager, der im Designer-Pulli erschienen war, mit den Worten zurecht: „Ziehen Sie sich ordentlich an, sonst unterscheiden wir uns ja nicht vom gewöhnlichen Mitarbeiter am Fließband." Man könnte nun spötteln, dass es schlecht um einen Betrieb steht, wenn sich die Manager nur durch ihre

Kleidung von einem Fließbandarbeiter unterscheiden – tatsächlich steckt der Betrieb zur Zeit in großen Liquiditätsproblemen.

Beide sind modisch gekleidet. Aber welche von beiden wird der Chef befördern?

Büroszene: Was getragen wird, bestimmt der Chef

Im Frühjahr 1997 berichtet Katharina Slodczyk im Jugendmagazin der deutschen Volks- und Raiffeisenbanken: „Knallenge Jeans, offenes Hemd, Turnschuhe – das klingt erst einmal nicht wie ein verwegenes Outfit, das den Vorgesetzten zur Raserei bringen könnte. Hat es aber – bis schließlich ein Gericht den Clinch zwischen dem Chef einer Möbelfabrik und seinem Mitarbeiter entscheiden musste. Der Mitarbeiter ging eben lieber in bequemen Klamotten zur Arbeit als in Schlips und Kragen. Und dazu stand er auch. Trotz mehrerer Mahnungen blieb er bei Jeans, Hemd und Turnschuhen – immer, auch wenn sich Kunden angekündigt hatten. Das trieb den Chef auf die Palme, weil er ‚Schaden für die Geschäftsbeziehungen' befürchtete. Als der Mitarbeiter dann auch noch unrasiert zu einem Gespräch mit Kunden kam, war es zappenduster. Die Konsequenz: Er landete im Innendienst, wo er keinen Kontakt mit Kunden mehr hatte und somit auch keine vergraulen konnte. Hier schaltete sich der Betriebsrat ein und ließ das Gericht entscheiden. Aber das gab dem Chef Recht: Er könne sehr wohl anordnen, was Mitarbeiter anziehen müssten."

Dieser Streit illustriert sehr schön den kritischen Punkt an der Körpersprache. Dass eine Krawatte, eine aufrechte Haltung oder ein Lächeln wirksame Signale sind, bestreitet kein Mensch. Aber: „Warum soll ich lächeln oder eine Krawatte umbinden, nur damit der Chef seinen Willen hat?" Wir merken: *Körpersprache ist auch Einstellungssache.* Wenn wir in unserer Rolle als trotziges Kind sind, verweigern wir uns. Wir grüßen nicht, wir halten keinen Blickkontakt oder kleiden uns unpassend. Wir sind zu keinem Kompromiss bereit. Was hätte es dem Möbelverkäufer geschadet, wenn er eine Krawatte getragen hätte? Hätte seine Gesundheit gelitten? Nein, nur sein Stolz. Es macht sich eben niemand gerne zum Sklaven. Jeder Mensch bewahrt sich gerne etwas Eigenständigkeit im Beruf. Das Tragische an der Büroszene: Der Möbelverkäufer kannte nur ein einziges Signal, mit dem er seine Eigenständigkeit zeigen konnte, nämlich seine Kleidung. Alle anderen Vokabeln der Körpersprache waren ihm nicht bewusst: Blick, Haltung, Stimme, Ausdehnung seiner Distanzzonen . . . Wäre ihm der Ausstieg aus seiner Rolle gelungen und hätte er sich darauf besonnen, dass er auch mit Krawatte dem Chef seine Eigenständigkeit demonstrieren kann, hätte er sich viel erspart. Wer Körpersprache beherrscht, ist flexibel genug, sich auch in der „Bürouniform" seinen eigenen Kopf zu bewahren. Oder wie ein Bankangestellter es formuliert: „Ich trage zwar die gleiche dunkle Krawatte wie alle meine Kollegen – aber darüber sitzt ein eigener Kopf."

Es gibt zwei Gründe, sich mit der Kleidung die eigene Karriere zu verbauen: Unwissenheit und Trotz. Dass eine gepiercte (mit Ring durchbohrte) Nase, Wange, Lippe oder ein Ring in der Augenbraue fast jeden Chef überfordert, sieht jeder ein, der es nicht „drauf ankommen" lassen möchte. Vielen stellt auch die Unwissenheit ein Bein. Von zwei Projektleiterinnen

wurde die eine befördert – die andere kochte vor Wut. Als sie ihren Chef zur Rede stellte, gab er zu, dass bei vergleichbarer Fachqualifikation das Auftreten den Ausschlag gegeben habe. Die beförderte Kollegin war jeden Tag mit Kostüm und Pilotenkoffen erschienen, die unbeförderte in Hosen und mit „praktischem" City-Rucksack.

Die Marotten der Chefs

Jeder Mensch hat seine Marotten; die Chefs auch. Meist leidet man stumm und zuckt mit den Schultern: „Nichts zu machen. So ist er halt, unser Chef." Ein Fertigungsleiter hatte die Angewohnheit, Mitarbeitern mit gestrecktem Zeigefinger auf die Brust zu tippen, wenn er sie maßregelte. Das ging einem Handballspieler unter den Drehern eines Tages so auf die Nerven, dass er mit gutem Timing den nächsten Stich abwartete, blitzschnell seine Brustmuskeln anspannte und den Oberkörper leicht nach vorne schob. Am nächsten Tag erschien der Chef mit Bandage, verlor kein Wort über den Vorfall. Doch selbst, wenn er danach noch jemanden antippte, war der Effekt dahin, weil jeder sich das Grinsen verkneifen musste.

Eine Sekretärin, die darunter litt, dass ihr Chef sich öfter von hinten über sie beugte, während sie am PC tippte, stand eines Tages jedesmal konsequent auf und holte irgendetwas von irgendwoher – nur um nicht hilflos den Einbruch in ihre Distanzzone hinnehmen zu müssen. Der Chef verstand nichts von Körpersprache – aber nach einigen Wiederholungen kam ihm die Sache spanisch vor. Deshalb trat er nur noch selten oder ganz vorsichtig an seine Sekretärin heran. Manche Manager setzen Körpersprache auch als echte *Einschüchterungstaktik* ein; vor allem, wenn sie die falschen Chefseminare besucht haben. Dort lernen die Manager *Dominanzgebärden* oder *Power Moves*, wie das auf Managerdeutsch heißt. Eine dieser Imponiergebärden: Den Mitarbeiter ins Büro zu rufen, sich dann von ihm abwenden und ihn mit zugewandtem Rücken weiter ansprechen. Das zeigt doch richtig, wer hier der Chef ist. Ein besonders selbstsicherer Programmierer eines EDV-Konzerns verließ daraufhin eines Tages einfach das Büro des Vorgesetzten. Als der Chef ihn wütend stellte, sagte der Programmierer trocken: „Ich dachte, Sie seien fertig, als Sie begannen, die Enten im Park zu studieren." So trocken bringt das natürlich nur ein Mensch mit viel Selbstvertrauen. Ein schüchterner Kollege hatte jedoch eine ebenso gute Kontertaktik gefunden: „Sobald er mir den Rücken zuwendet, schneide ich ihm Grimassen." Damit verpufft die Einschüchterung auch. Sie verunsichert nicht wie beabsichtigt, sie baut die Selbstsicherheit sogar auf.

Manche Chefs und Chefinnen demonstrieren gerne ihren Status, indem sie jemanden ins Büro rufen und dann wie einen Bittsteller stehen lassen, während sie sitzen bleiben. Wie Sie darauf reagieren, hängt lediglich davon ab, wie Sie Ihren Chef führen wollen. Wenn Sie sein Wohlwollen brauchen, geben Sie ihm, was er braucht: Respekt. Wenn Sie ihm dagegen zeigen wollen, dass Sie sich das nicht gefallen lassen, dann kontern Sie. Vielleicht so wie der ältere Maschinenmeister, der seinem jüngeren Chef „immer etwas mitbringt, wenn er seine Show abziehen will". Zwar bleibt der Meister brav stehen, lässt aber irgendwann ein Argument ins Gespräch einfließen, zu dem er Unterlagen mitgebracht hat, die er dann auf dem Schreibtisch des Chefs ausbreitet und sich „richtig reinlehnt". Der Meister hat dem Chef nicht nur die Jahre, sondern auch einige Seminare voraus: „Lässt du mich stehen, verletze ich deine Distanzzone." Statt dass der Meister verunsichert ist, wird dann der Chef nervös.

Es gibt tausend *Kontertaktiken* auf Marotten oder Dominanzgebärden der Chefs. Die Azubis eines großen Händlers regten sich fürchterlich darüber auf, dass ihre Chefin in Meetings immer mit dem großen Zeigestock auf einzelne zeigte, wenn sie einen aufrief. Sie sprachen bei ihrer Sekretärin vor: „Sagen Sie ihr mal durch die Blume, dass man das nicht macht. Das ist unhöflich." Es nutzte nichts. Die Chefin genoss sichtlich das Fuchteln mit dem

Feldherrnstab. Keinem fiel eine Kontertaktik ein. Bis sich, während alle auf die Chefin warteten, irgendein Witzbold den Stab schnappte und den Auftritt der Chefin nachahmte – die Azubis lachten. Als danach die Chefin wieder den Stab ergriff, grinsten alle. Die Fröhlichkeit schien sich umso mehr zu steigern, je mehr sie zeigen wollte, wer hier der Boss ist und mit dem Stock fuchtelte. Schließlich ließ sie es bleiben. Sie hatte keine Ahnung von Körpersprache – aber sie mied fortan intuitiv das überraschend entwertete Machtsignal.

Mit Chef-Typen umgehen

Der *Hektiker* verbreitet ungebremsten, atemlosen Aktivismus: „Schnell, schnell, das muss auch noch erledigt werden, möglichst gestern noch, machen Sie schon, worauf warten Sie denn?" Manche, vor allem leitende Mitarbeiter, versuchen zu beruhigen: „Nun mal langsam und der Reihe nach." Wenn das klappt, prima. Doch meist regt sich der Hektiker bei Widerspruch nur noch mehr auf: „Was heißt hier langsam? Das eilt!" Widerspruch wird als Befehlsverweigerung interpretiert. Und während der Chef Hektik verbreitet, sollte man nur eines tun: Spiegeln. Beeilen auch Sie sich, machen Sie hektische Handbewegungen, rennen Sie wild gestikulierend umher, reden Sie im Maschinengewehrtempo und wechseln Sie den Gesichtsaus-

druck im Sekundentakt. Das Signal an den Chef: „Wenn du Hektik machst, mache ich auch Hektik, denn du bist der Chef." Die Vorstellung endet meistens bald, weil der hektische Chef dann schnell wieder verschwindet.

Der *unfreundliche Chef* hat Probleme, Feedback zu geben: „Herr Meier, Sie machen sich ja recht gut an der Drehbank, aber warum sieht Ihre Bank immer wie ein Schweinestall aus?" Unter Kollegen wäre das eine kleine Frotzelei. Wenn der Chef das sagt, ist es schlicht unverschämt, denn das gilt als Abreibung, Gardinenpredigt oder Kielholen. Aber was will man machen? Selbst guten Chefs rutscht manchmal eine unsachliche und verletzend formulierte Kritik durch. Wenn er nicht mit sich reden lässt, lassen wir die Signale reden. Eine Marketing-Assistentin sagte auf eine ähnliche Vorhaltung: „Wie bei Hempels unterm Sofa? (zieht ungläubig die Augenbrauen hoch) Soso." und schaut den Chef tadelnd mit Eiswasserblick an. Mit ihren Signalen tadelt sie ihren Chef. Wenn man dem Chef schon nicht in Worten sagen darf, was man von seinen Führungsfähigkeiten hält, dann kann man es ihm wortlos sagen. Das wirkt stärker. Voraussetzung ist, dass wir auf solche Überfälle nicht spontan in die Rolle des Kindes fallen, sondern wie ein Erwachsener reagieren und vielleicht – wie die Assistentin – aus der strengen Mutterrolle heraus antworten.

Dem *Nörgler* ist nichts recht zu machen. Immer hat er etwas auszusetzen. Sabine Scholz, Verkäuferin im Einzelhandel, sagt: „Egal, was ich tue, er findet immer einen Fehler." Das sollte sie stutzig machen. Denn fehlerfrei arbeitet niemand. Also warum schweigt der Nörgler-Chef bei den anderen und behelligt nur Sabine? Das hat immer persönliche, nie sachliche Gründe. Der Chef findet Sabine unsympathisch und erliegt dem Halo-Effekt: Da sie ihm unsympathisch ist, kann sie auch nicht kompetent sein, deshalb nimmt er nur ihre Fehler wahr. Das liegt daran, dass die Körpersignale der Verkäuferin nicht stimmen. Und meist sagt sogar der Nörgler-Chef selbst, welche nicht stimmen: „Frau Scholz, Sie haben immer so einen lockeren Umgangston gegenüber den Kunden." Den Kunden gefällt das: Frau Scholz ist die umsatzstärkste Verkäuferin im Laden. Doch der Chef ist neidisch, denn so locker ist er nicht. Deshalb findet er sie unsympathisch. Als trotziges Kind würde Frau Scholz vielleicht reagieren: „Blöder Kerl, weiß nicht, was er an mir hat." Als erwachsene Frau verhält sie sich ganz pragmatisch: „Ich berate meine Kunden weiter, wie ich will. Sobald der Chef dabeisteht, schalte ich auf scheintote Unterkühlung um." Wenn der Chef ein bestimmtes Signal vermisst, dann präsentiert man es ihm einfach. Es ist nicht schlimm, Rollen zu spielen, solange wir mit erwachsenen Augen die Welt sehen. Nur wenn wir in der Kindrolle bleiben, sind wir unflexibel und zur Reaktion unfähig.

Vom Nörgeln zum Mobbing ist es oft ein kleiner Schritt, zwischen 50 und 75 Prozent aller Mobbing-Attacken werden von Vorgesetzten geritten. Sie schikanieren, verlangen Extrawürste, machen ehrenrührige Bemerkungen. Langfristig sollte man dem Mobbing aus dem Wege gehen und versuchen, die Abteilung oder das Unternehmen zu wechseln, wenn es unerträglich wird. Kurzfristig lohnt es sich, gegenzuhalten. Und zwar nie verbal – der vorgesetzte Mobber gewinnt bei direkten Auseinandersetzungen immer. Wenn der Konter jedoch indirekt läuft, zieht er meist den Kürzeren. Die beste Art einen vorgesetzten Mobber klein zu kriegen ist sich nicht unterwerfen zu lassen. Denn niemand legt sich gerne mit jemandem an, dem das absolut nichts ausmacht und der auch keine sichtbaren Schäden davonträgt. Fast unverwundbar wird man, wenn man sich ein sehr stabiles Selbstbewusstsein zulegt und das auch jederzeit kalt und überlegen lächelnd demonstriert. Die Körpersignale für Selbstbewusstsein kennen Sie inzwischen. Die Attacken berühren einen dann emotional nicht mehr – man hat den Kopf frei, um das Sachproblem dahinter zu entdecken und zu lösen. Ein Mobber wird durch das zur Schau getragene Selbstbewusstsein entmutigt und verunsichert.

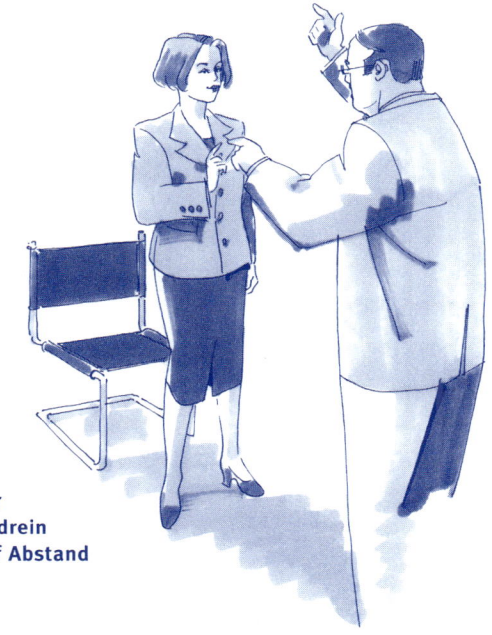

Wenn der Chef Ober-sticht-Unter spielt: aufstehen. Wenn er obendrein in die Distanzzone einbricht: auf Abstand halten und tapfer lächeln

Die andere Perspektive: Mitarbeiterführung durch Körpersprache

Jede Führungskraft wünscht sich Mitarbeiter, die engagiert mitarbeiten und selbstständig mitdenken. Aber wie bekommt man solche Mitarbeiter? Falsche Frage, es müsste heißen: Wie bekommt man die Mitarbeiter *dazu*? Ein sichtlich frustrierter Meister: „Jetzt sag ich das meinem Gesellen schon zum zigsten Male und der hat das immer noch nicht kapiert!" Viele Vorgesetzte glauben, dass man mit Worten führt. Es heißt zwar: „Führen ist zu 90 Prozent Kommunikation." Doch 93 Prozent der Kommunikation leisten Körpersprache und Stimme (siehe Kapi-

tel „Der Körper verrät die geheimsten Gedanken"). Deshalb heißt es auch: „Manager werden an Taten, nicht an Worten gemessen." Wie oft scheitern Veränderungen, weil Manager anders handeln als sie reden? Unerfahrene Manager sagen A, signalisieren aber B und wundern sich dann, warum die Mitarbeiter B (nach)machen.

Viele Manager sind „sprachlos", was Körpersprache anbelangt. „Wir sehen unseren Boss einmal im Monat", sagt ein Fertigungsarbeiter. Der Chef hat immer *viel zu tun*. Was er seinen Mitarbeitern damit signalisiert, ist: „Ihr seid mir egal." Bei seinen Mitarbeitern kommt das so an. Motivation ist Chefsache. *Persönlicher Kontakt* motiviert stärker als ein unpersönliches Incentive. Der Bereichsleiter einer Papierfabrik beispielsweise kennt sämtliche 125 Mitarbeiter seines Bereiches mit Namen. Er meint: „Wie kann ich jemandem zeigen, dass ich ihn meine, wenn ich ihn noch nicht mal mit Namen anspreche? Da fühlt sich doch keiner angesprochen."

Der Manager eines Stuttgarter Hotels begrüßt jeden Morgen auf seinem Rundgang durchs Haus jeden Mitarbeiter mit Handschlag und unterhält sich eine Minute mit ihm über die Familie, die Urlaubspläne, das Wetter … Als sich diese Gepflogenheit des Management by walking around auf einem Gastronomentag herumspricht, entgegnet ein Münchner Manager: „Was für eine Zeitverschwendung! Das

ist doch kindisch. Was soll denn das bringen?" Was es „bringt": Der Stuttgarter Manager hatte noch nie einen einzigen Tag Fehlbesetzung in seinem Haus. Wer krank ist, kündigt oder zwei Tage Urlaub macht, besorgt selbstständig einen Ersatz! Der Münchner Manager kämpft ständig gegen „die verdammte Abwesenheit. Aber das treibe ich denen auch noch aus!" Die Mitarbeiter des Stuttgarter Managers sind motiviert, denn sie fühlen sich wie Menschen behandelt. Die Mitarbeiter des Münchner Managers sind frustriert: Sollen sie sich für einen Chef ins Zeug legen, der sie noch nicht einmal grüßt?

Viele wollen die Wirkung einer einfachen, menschlichen Geste nicht

Ein „seriöser" Chef – mit Distanz

wahrhaben. Das liegt weniger daran, dass sie von den Vorzügen einer erfolgreichen Körpersprache nichts wissen. Aber sie sind in ihrer Rolle als Übervater gefangen: Ein Chef ist streng, seriös, entschlossen und autoritär. Wie zementiert diese Rolle in den Köpfen vieler Manager ist, entlarvt das Statement eines 52-jährigen Bereichsleiters: „Ich gebe meinen Geschäftspartnern die Hand – doch nicht meinen Mitarbeitern!" Wer seine Mitarbeiter motivieren will, sollte nicht gerade das wirksamste Instrument der Motivation aus der Hand geben ...

„Seriös" motiviert nicht

Wie sympathisch ist Ihnen der Chef in der Zeichnung (auf Seite 94)? Kein Lächeln, keine einladende Handbewegung, keine entspannte Körperhaltung, die Kleidung ohne jeden Anflug von modischem Chic, Pep oder Sportlichkeit. Es ist klar, welches Image hier transportiert werden soll: „Ich bin der Boss. Und wer sind Sie?" Vorgesetzte wollen seriös, respektabel, wichtig und ernsthaft wirken. Gleichzeitig signalisieren sie damit: „Wir gehören nicht zu euch!" Für einen Chef ist das fatal, denn Mitarbeiter reißen sich kein Bein für jemanden aus, der nichts mit ihnen zu tun haben will. Sie achten sehr stark auf diese kleinen Signale.

Manager reden viel von *Motivation*. Dazu gehört auch ein erfrischendes Lächeln, ein aufmunterndes Zunicken,

einem Mitarbeiter zur Seite stehen und den Rücken stärken. Solche Führungskräfte sind selten, aber sie haben immer engagierte und produktive Mitarbeiter.

Manchmal ist die Wirkung einer *motivierenden Körpersprache* erstaunlich – und erstaunlich banal. Ein Jungmanager erkundigte sich nach seinen ersten drei Monaten im neuen Job zaghaft bei seinem Team, warum denn ausgerechnet er sein erstes Projekt durchgebracht habe, wo doch Startprojekte in diesem Hause immer durchfielen – die Mitarbeiter ließen „neue Besen" immer erst einmal kräftig auflaufen. Darauf sagte die Teamassistentin tatsächlich: „Ach wissen Sie, Sie haben so eine nette Art, da dachten wir, den können wir doch nicht hängenlassen!" Der Jungmanager log, als ihn sein Abteilungsleiter nach der Ursache für seinen Erfolg fragte, denn „das ist so menschlich. Das kommt oben nicht gut an." In diesem Unternehmen gehört es sich nicht, als Manager sympathisch zu sein. Dass man damit die Mitarbeiter demotiviert, wird billigend in Kauf genommen.

Natürlich muss eine Führungskraft Autorität zeigen. Das kann man aber auch auf sympathische Weise tun. Hilfreich sind hier wie immer *Rollenmodelle*. Die Abteilungsleiterin eines Frankfurter Kaufhauses hat ein etwas ausgefallenes Vorbild: „Mein Hausarzt. Er ist immer sehr freundlich und verständnisvoll – aber er lässt nie auch nur den kleinsten Zweifel daran, was getan werden muss."

Sonderfall Managerin?

Was für den Manager gilt, gilt nicht für die Managerin. Wenn ein Manager auf den Tisch haut, gilt er als entschlossen. Wenn das eine Managerin tut, nennt man sie „Beißzange" oder „Karriereschnepfe". Wenn ein Manager im Anzug kommt, nie lächelt, seine Mitarbeiter anbellt und nicht grüßt, dann ist das ganz normal. Wenn das eine Frau tut, ist es „unweiblich", sie hat „Haare auf den Zähnen" und „kann nicht mit den Mitarbeitern umgehen". Frauen werden „bestraft", wenn sie sich genauso hart geben wie Männer, und sie werden bestraft, wenn sie sich wie Frauen verhalten.

Diese Doppelmoral ist unmoralisch. Aber was soll eine Frau dagegen tun? Das Problem liegt darin, dass viele Frauen denken, *sie* hätten das Problem. Das Problem aber haben die anderen. Wer sich gegenüber einer Horde wildgewordener Teammitglieder durchsetzen will, muss schon mal auf den Tisch hauen – und sich danach selbst jeden Anflug von schlechtem Gewissen verbitten. Umgekehrt heißt das aber: Spielen Sie als Frau Ihre Weiblichkeit dann aus, wenn es angebracht ist. Wer gegenüber Untergebenen *mehr Einfühlungsvermögen und Verständnis* zeigt als der männliche Konkurrent, hat bessere Chancen auf eine Beförderung, weil die Mitarbeiter produktiver sind. Die Schlüsselfrage für die Körpersprache: Was wirkt wie in der konkreten Situation?

Die kleinen und die großen Signale

Viele Chefs klagen über ihre Mitarbeiter: „Unmotiviert, nicht kreativ, denken nicht mit." Diese Klage zeigt, dass wenig Führungskompetenz vorliegt. Wer sich beispielsweise über wenig kreative Mitarbeiter beschwert, gibt ihnen oft zu wenig *Freiraum*. Wer kann schon ungestört nachdenken, wenn der Chef ständig unangemeldet und vor allem ohne anzuklopfen ins Büro stürmt? Genauso schlimm wirkt es, wenn der Chef sich über den Rücken seines konzentriert am PC arbeitenden Mitarbeiters beugt oder sich großspurig auf den Schreibtisch des Mitarbeiters setzt. Damit verletzt er die *Distanzzone* und fordert seinen Mitarbeiter indirekt auf, mit Demotivation und Leistungseinbrüchen zu reagieren.

Womit Chefs sich am häufigsten Antipathie einhandeln, ist ihr kurzer, knapper und lauter Ton. Die Chefs, die von ihren Mitarbeitern in einer Studie am sympathischsten beurteilt wurden, redeten zwar besonnen und mit Autorität, aber sie waren gleichzeitig dabei freundlich und benutzten oft einen humorigen oder zumindest verständnisvollen *Tonfall*.

Am schnellsten bringt man seine Mitarbeiter gegen sich auf, wenn man eine überzogene *Kleiderordnung* fordert. Sagt ein 54-jähriger Marketingleiter: „Draußen sind 40 Grad im Schatten und wir sollen kreativ sein – in Anzug und Krawatte! Der Geschäftsführer hatte noch nicht mal den obersten Knopf offen! Er verlangte von uns Ideen für die neue Kampagne, aber wir konnten alle nur an Eiscreme denken!" Der Geschäftsführer hatte gelernt, dass man als Manager immer gut angezogen sein muss, aber er hatte nicht bedacht, wie das in bestimmten Situationen wirkt. Die Schlüsselfrage der Körpersprache lautet: Wie wirkt das gerade jetzt auf andere? Manager, die dies verinnerlicht haben, kommen oft auf genial einfache „Signaltricks". Der US-Topmana-

ger Harvey Mackay beispielsweise setzt für besonders schwierige Mitarbeiter, für Konfliktsituationen oder gravierende Verfehlungen die *Technik des „heißen Stuhls"* ein. Er ruft den chronischen Missetäter zu sich ins Büro und sagt: „Sie wissen, weshalb Sie hier sind?" – „Ich kann es mir denken." – „Gut, dann will ich kein Wort mehr darüber verlieren. Ich möchte Sie lediglich bitten, sich hier auf meinen Sessel zu setzen (steht auf und zeigt auf den Sessel) und ich setze mich auf Ihren Stuhl (begibt sich zu selbem). Dann spielen Sie Chef und ich spiele Ihre Rolle. Und Sie sagen mir, was Sie von meinem Fehler halten." Mackay berichtet: „In 99 von 100 Fällen funktioniert das mit erstaunlichem Effekt. Was mich jedesmal überrascht, ist, dass der Mitarbeiter viel härter mit sich ins

Die Rollen sind vertauscht: der „heiße Stuhl" wirkt

Gericht geht, als ich das getan hätte." Mackay hat verstanden, dass das nonverbale Signal des Stuhlwechsels hundertmal stärker wirkt als jede Gardinenpredigt. Für besonders schwierige Mitarbeiter setzt er den heißen Stuhl regelmäßig ein: „Besonders schwierige Mitarbeiter brauchen auch ein besonders einprägsames Lernverfahren."

Zwar entscheiden auch die *kleinen Signale* wie Gruß, Vermeiden von Marotten (s. o.), Blickkontakt oder Wahrung der Distanzzonen, ob eine Führungskraft ihre Mitarbeiter motivieren kann. Was aber für Führungskräfte in Zeiten des Wandels und des Change Management noch entscheidender wirkt, sind solche *großen Signale* wie der heiße Stuhl. Wie viele Veränderungsprojekte scheitern, weil die Mitarbeiter sich vom Management im Stich gelassen fühlen? „Wir machen die Drecksarbeit und die da oben lehnen sich zurück." Als bei einem Kfz-Zulieferer das dritte Projekt zur Kosteneinsparung im Lager scheiterte, ging der Geschäftsführer selbst ins Lager, rief die Belegschaft zusammen und zerhackte vor den Augen aller eigenhändig mit einer Feueraxt eine der vielen Lagerkisten. Die Botschaft war klar: „Jetzt packt auch die Chefetage mit an!" Vorher hatte sich noch nie ein Topmanager ins Lager verirrt. Solche „großen Gesten" sind die Signale, mit denen Veränderungen angestoßen werden. Das motiviert viel stärker als eine „Auf-zu-neuen-Ufern"-Rede.

Erfolgreiche Manager sind *Meister dieser großen Gesten*. Sie finden für jeden Anlass das passende, inspirierende und motivierende Signal. Sagt ein Vorstandsmitglied: „Ich kann nicht selbst die Autos zusammenschweißen. Aber ich kann die richtigen Signale setzen, damit die Autos von hochmotivierten Arbeitern zusammengeschweißt werden." In manchen Unternehmen sind nicht nur einzelne Manager so signalbewusst, sondern das ganze Management. *Signalverhalten gehört zur Unternehmenskultur.* In vielen US-Firmen gibt es keine Sonderparkplätze für Manager, keine separaten „Manager-Ecken" in der Kantine und keine Manager-Aufzüge oder -Toiletten. Die Signale sind deutlich: „Wir hier oben sind nichts Besseres. Wir sind ein Team." In diesen Unternehmen ist der Informationsfluss bedeutend besser und die Produktivität höher als in vergleichbaren Firmen, die noch streng auf „Klassentrennung" achten.

Manche Unternehmen gehen sogar noch weiter. Sie reißen nicht nur die Schranken nieder, sie fördern auch aktiv den *Grenzgang* zwischen beiden Territorien. Bei einem US-Leiterplattenhersteller hat jeder Manager einen „zweiten Arbeitsplatz". Der Laborleiter beispielsweise hilft jede Woche zwei Stunden im Lager, die Chefsekretärin fegt zusammen mit den Frauen aus der Fertigung die Aufenthaltsräume. Hier gibt es keine Zweiklassengesellschaft.

Menschenführung ist auch Marktwirtschaft: Wer seinen Mitarbeitern das Richtige anbietet, bekommt von ihnen schließlich die passende Gegenleistung. Wer mit seinem Verhalten ständig signalisiert „Wir sind was Besseres!", der erhält als Reaktion seiner Mitarbeiter Passivität und Produktivitätsschwäche. Wer ihnen jedoch signalisiert „Wir leben vor, was wir erwarten!", der wird mit Einsatz und Engagement dafür reich belohnt. „Das ist das eigentliche Schwere an der Füh-

rungsaufgabe", sagt ein Bereichsleiter. „Ich möchte mich oft zeitsparend mit einer bloßen Anweisung aus der Affäre ziehen. Aber dann weiß ich schon im Voraus, was dabei herauskommt." Deshalb nimmt er sich die Zeit und tritt persönlich auf. Er investiert Zeit und versucht seine Mitarbeiter für notwendige Maßnahmen zu gewinnen und motiviert sie damit zum Handeln und zur Einsatzbereitschaft. Der Bereichsleiter gibt damit ein Signal, das auf seine Mitarbeiter wirkt.

»Viele gehen rein und wenig kommt raus.«

VOLKSTÜMLICHE DEFINITION VON »MEETING«

■

SITZUNGEN UND MEETINGS

Wer überzeugt, gewinnt – Sitzungs-Survival

Oft können Sie selbst mit verblüffender Sicherheit vorhersagen, wer sich in einer Sitzung durchsetzen wird und wessen Vorschläge abgeschmettert werden. Sie brauchen dazu nicht die Argumente der Teilnehmer abzuwarten, denn die Körpersprache verrät bereits alles. Haben Sie zum Beispiel schon beobachtet, wie *Männer* oft eine Sitzung beginnen? Sie breiten sich aus und belegen die Plätze links und rechts mit Unterlagen und Akten, markieren damit ihr Territorium weitläufig. Männer sitzen oft breitbeinig, stellen die Ellbogen nach außen und machen ein ernstes Gesicht. Das alles signalisiert: Platz da, ich bin wichtig! Die meisten *Frauen* dagegen machen sich klein und markieren nur ein enges Terrain. Sie halten die Beine geschlossen und übereinander geschlagen, die Arme eng am Körper und lächeln häufiger als Männer. Die Botschaft ist zwar ungewollt, aber wirksam: Ich bin nett und unbedeutend. Wessen Argumenten verhilft der Halo-Effekt wohl zu mehr Gewicht? Die amerikanische Verhaltensforscherin Deborah Tannen mutmaßt, dass auch deshalb so wenig Frauen in Toppositionen sind.

Natürlich macht sich nicht jeder Mann breit und jede Frau schmal. Doch diese *Verhaltensmuster* sind bereits so fest in unseren Köpfen eingeprägt, dass sogar die *Abweichung* davon als Signal wirkt. Ein Mann mit angelegten Ellbogen und freundlichem Lächeln gilt unter Kollegen vielleicht als „Weichei". Eine Frau mit weit aus-

Etwas überspitzt dargestellt – aber so sehen die männlichen und weiblichen Verhaltensstereotypen aus

gestellten Ellbogen möglicherweise als burschikos. Wie sitzen Sie? Breit- oder schmalspurig? Es fällt Ihnen auf Anhieb nicht ein? Dann können Sie nur hoffen, dass Ihre Körpersignale nicht Ihre Argumente entwerten. Denn auch für Sitzungen gilt: Stichhaltige Argumente sind zwar gut, überzeugendes Auftreten aber bringt die Argumente erst zur überzeugenden Wirkung. Warum starten Sie Ihre Überzeugungsarbeit nicht mit einem relativ unverfänglichen Signal? *Ausbreiten ist wirkungsvoll* und hat keine negativen Wirkungen. Wenn sich Ihr Nachbar beschwert, können Sie sagen: „Oh, entschuldige, aber du siehst ja, wie viele Unterlagen ich herumschleppen muss." Das macht Sie wichtiger – vor allem, wenn Sie so laut reden, dass alle Anwesenden es auch mitbekommen.

Männer machen sich nicht nur breiter als Frauen – und wirken so kompetenter und engagierter – sondern do-

minieren auch mit anderen Signalen die Sitzung. Sie *reden* öfter, lauter, aggressiver und länger als Frauen, unterbrechen häufiger und lassen sich selbst seltener unterbrechen. Wenn Sie eher zu den Stillen gehören, denken Sie an den Eindruck, den Sie erwecken: „Mit der/dem kann man's machen. Scheint auch nicht sonderlich engagiert zu sein. Sonst würde sie/er den Mund aufmachen." Sitzungen sind der ideale Ort für Eigenwerbung: Wer weiterkommen oder auch nur seine Position behaupten und seine Projekte schützen will, muss einfach einen selbstsicheren Eindruck hinterlassen. Wen einige Sitzungen langweilen, der nutzt sie mit Sicherheit zu wenig für seine Imagepflege. Sagt eine 25-jährige Angestellte: „Gerade wenn ich in einer Sitzung inhaltlich nicht viel zu sagen haben, melde ich mich ganz bewusst – meist um einen Punkt eines Kollegen hervorzuheben, den ich gut finde."

Das macht Eindruck – im Gegensatz zur bloßen Selbstdarstellung, von der die Kollegen nichts haben. Resultat: „Ich werde oft zu Sitzungen eingeladen, auf denen ich eigentlich nichts zu suchen habe." Weil sie kompetent, teamorientiert und überzeugend wirkt. Mit etwas Körpersprache-Knowhow überleben Sie nicht nur langweilige Sitzungen, Sie fördern auch Ihre Karriere!

Übung:
Sich überwinden

„Ich kann das aber nicht" sagen viele, „es liegt mir nicht, mich in Sitzungen wichtig zu machen." Es geht nicht darum, sich wichtig, sondern sich überhaupt erst einmal bemerkbar zu machen. Wer nur höflich lächelt, bittet quasi darum, auch außerhalb der Sitzung übergangen zu werden. Geben Sie Lebenszeichen! Viele müssen sich dazu erst einmal einen innerlichen Schubs geben. Aber wenn Sie merken, dass es sich lohnt, dass Sie beachtet und geachtet werden, dass Sie niemand für hochnäsig hält, sondern Ihre Meinung sogar schätzt, dann werden Sie den Mut finden, weiterzumachen. Stellen Sie die Ellbogen auf, machen Sie sich breit, lachen Sie auch einmal laut über einen

Witz, zeigen Sie Präsenz! Fangen Sie klein an. Finden Sie die Signale, die Sie sich zutrauen und die zu Ihnen passen – und probieren Sie es einfach aus! Beobachten Sie, was dabei herauskommt, und machen Sie weiter. Ein neues Image bekommen Sie nicht von heute auf morgen.

Das Magnetblick-Manöver

Was nun folgt, ist eines der aufregendsten Erlebnisse praktizierter Körpersprache. „Es läuft mir jedesmal eiskalt den Rücken runter, wie gut das funktioniert", sagt eine Teamassistentin, „das grenzt fast schon an Hypnose." Das „Magnetblick-Manöver" funktioniert umso besser, je tiefer Ihre Kollegen bereits in den Sitzungsschlaf gefallen sind, je kleiner der Kreis der Sitzungsteilnehmer ist und je unsicherer der Vortragende ist.

Das Manöver basiert auf dem bekannten Effekt: Kaum fängt einer an zu „predigen", wandern die Blicke zum Boden, in die Luft, auf die Hände, durch die Wände ... Den Sprecher schaut niemand an. Und wenn ihn jemand anschaut, dann mit sturem, gelangweiltem Blick oder mit einem skeptischen Stirnrunzeln. Wer je vor einer Gruppe stand, weiß: diese Blicke verunsichern. Diese Unsicherheit nutzt das Magnetblick-Manöver:

- Versuchen Sie, den Blick des Sprechenden „einzufangen". Das kann eine Weile dauern, vor allem, wenn er vor lauter Unsicherheit penetrant woanders hinschaut.
- Da fast alle anderen wegsehen, wird er schnell Blickkontakt zu Ihnen herstellen, sobald er Ihren Blick bemerkt, denn Ihre Aufmerksamkeit gibt ihm Sicherheit.
- Jetzt halten Sie seinen Blick fest, indem Sie positive Signale senden: zum Beispiel Aufmerksamkeit, Interesse, Anteilnahme. Lächeln Sie ihm aufmunternd zu. Wenn er eine Betonung setzt, nicken Sie. Wenn er Bedenken äußert, teilen Sie sie mimisch – in zwei Worten: spiegeln Sie.

Sie werden eine interessante Beobachtung machen. Der Blick des Redners haftet plötzlich an Ihrem. Denn in einer Wüste langweiliger Gesichter und kaum verholener Skepsis zeigen Sie sich als Oase der Anteilnahme. Resultat: Der Sprecher hängt buchstäblich an Ihrem Gesicht, blendet alle anderen aus und redet fast nur noch zu Ihnen. Nun passiert nicht selten etwas fast Unheimliches. Der Führer wird zum Geführten. Nicht länger der Mensch hinterm Pult steuert das Ganze, sondern Sie. Wenn Ihnen eine Bemerkung gefällt und Sie das signalisieren, lächelt er und blüht auf. Wenn Sie unruhig

auf dem Stuhl zappeln, versucht er, Ihre Aufmerksamkeit zu erringen. Vielleicht schweift sein Blick hin und wieder ab, doch wenn Sie den Blickkontakt weiter aufrechterhalten, kehrt er immer wieder zu Ihrem zurück. Dieses Manöver hat seine gute Seiten:

- Es macht Spaß. Alte Sitzungshasen schließen innerlich Wetten ab, wie schnell es ihnen gelingen mag, den Blick des Vortragenden zu „magnetisieren" und mit welchen Signalen er zeigt, dass er „eingerastet" hat.
- Man profiliert sich selbst als aufmerksamer Zuhörer und guter Kollege. „Menschen sind derart süchtig nach Aufmerksamkeit", sagt die US-Psychologin Amy Harris, „dass sie sie doppelt zurückzahlen." Nicht selten geben die Kollegen später Feedback: „Ich hatte den Eindruck, du warst der einzige, der versteht, was ich sage."
- Sie machen einen Tauschhandel. Sie geben jetzt Aufmerksamkeit und erhalten später Unterstützung für Ihre eigene Position. Dazu später mehr.

Einige Menschen wenden ein: „Wenn der Kollege Unsinn redet, kann ich ihn nicht auch noch betont freundlich anschauen!" Da spricht der kindliche Bewusstseinsanteil aus uns: „Die anderen sollen für mich da sein! Sie sollen mich gut unterhalten!" Und wenn sie das nicht tun, sitzt das kleine Kind trotzig in der Ecke, verweigert sich und schmollt. Wir können uns aus dieser selbstschädigenden Einstellung befreien, indem wir in den inneren Dialog eingreifen: „Wer Unsinn redet, verdient unser Mitgefühl, nicht unseren Trotz." Oder indem wir auf das *Umkehrprinzip* bauen und mit vollem Einsatz den Blickkontakt pflegen: *Wer sich erwachsen verhält, rutscht automatisch in die Erwachsenenrolle* – die richtige Rolle für berufliches Weiterkommen.

Übung:
Der Magnetblick

Je öfter Sie den Magnetblick anwenden und damit üben, desto erfahrener werden Sie und desto besser funktioniert er. Sie werden entdecken, dass es vor allem auf die Dosierung ankommt. Zu wenig Mimik und Gestik und der Kontakt hält nicht. Geben Sie zu viel, bricht er ab. Welche Ihrer Gesten und Mienen zeigen in welchen Situationen besonders gute Wirkung? Testen Sie die Stärke Ihres Magnetblicks: Lächelt der Redner, wenn Sie lächeln? Runzelt er die Stirn, wenn Sie sie runzeln? Bis wohin können Sie den Redner führen? Sagt er nachher etwas zu Ihnen?

Unterstützen können Sie den Magnetblick mit einer aufrechten, offenen, dem Redner zugewandten Körperhaltung und sparsamen Gesten, die Ihr Spiegeln unterstreichen. Natürlich lassen sich nicht alle Partner „magnetisieren". Aber auch diese Erkenntnis bringt Sie weiter. Wer auf so deutliche Signale nicht reagiert, ist signalblind. Entweder weil er sehr nervös oder weil er generell kontaktschwach ist oder sich stark introvertiert verhält.

Die eigenen Interessen durchsetzen

Fühlen Sie sich wohl in Sitzungen, Besprechungen und Meetings? Setzen Sie sich durch? Bekommen Sie meist, was Sie wollen? Dann gehen Sie getrost zum nächsten Kapitel über. Oder haben Sie öfter das unbefriedigende Gefühl, Sie werden überfahren, können sich nicht durchsetzen oder werden zu häufig mit faulen Kompromissen abgespeist? Dann sollten wir an Ihrem Auftritt in Sitzungen feilen. Denn sicher liegt es nicht an Ihren Argumenten, wenn Sie sich nicht häufig genug durchsetzen, Sie sollten sie nur überzeugender vermitteln. In Sitzungen überzeugt der Eindruck stärker als das Argument.

Beginnen Sie mit Ihrer Kleidung und ziehen Sie sich einfach etwas besser an als üblich. Schon die *Kleiderwahl* ist eine Aussage, die im Gegensatz zu manchem Argument jeder Kollege versteht ohne dass er sagen könnte, woran konkret das liegt: Heute nehme ich es besonders wichtig. Jedes Accessoire hat seine Wirkung. Wer eine Lesebrille hat, setzt sie auf, denn über deren Rand kann man „kompetent" in die Runde blicken – an zwei bis drei taktisch wichtigen Stellen. Macht man es ständig und es wird zur Marotte, dann wirkt dieses Signal oberlehrerhaft und negativ. Jeder Berufsstand hat eine Kleiderordnung, die Sie für Ihren Auftritt nutzen können, indem Sie sie ein wenig verfeinern – aber nicht zu viel des Guten: „Wie der sich wieder rausgeputzt hat!" Wer besonders beeindrucken möchte, breitet seine Statussymbole auf dem Sitzungstisch aus: Laptop, Taschenrechner, stumm geschaltetes Handy, vielleicht ein gewichtiges Fachbuch als „stummer Anwalt". Doch auch hier gilt: keine Überdosis. Was beeindruckt die Kollegen noch und was wirkt schon überzogen? Hier zeigen sich die Meister der Körpersprache. Denn mit Statussymbolen kann jeder protzen, aber die wenigsten können sie bewusst einsetzen. Den Meister erkennt man jedoch daran, dass er/sie so fein dosiert, dass es jeder gerade noch beachtet und es gerade noch nicht lächerlich wirkt.

Büroszene: Der „Magnetblick" in der Praxis

Projektmanager Manfred Dreher will heute seine Position behaupten. Also beginnt er schon vor seinem Referat damit, strategische Bündnisse zu schmieden. Während die Vorredner sprechen, praktiziert er ausgiebig das Magnetblick-Manöver. Den Gegnern seines Projektes signalisiert er besonders intensiv Aufmerksamkeit, Interesse und Zustimmung. Diese Vorschussleistung zahlt sich aus: Nachher stimmt einer seiner Gegner für seinen Vorschlag, der andere enthält sich zwar der Stimme, aber er unterlässt seine üblichen Attacken und zieht so einige andere mit, die eher gegen Manfred Dreher gestimmt hätten. Der Handel geht auf: Hörst du mir aufmerksam zu, tue ich dir nachher auch etwas Gutes. Tipp: Schmieden Sie Bündnisse mit dem Magnetblick-Manöver, wenn Sie Rückendeckung brauchen.

Viele Menschen begehen einen schweren Fehler in Sitzungen: Je dringender sie ihre Position durchsetzen möchten, desto heftiger fallen sie mit der Tür ins Haus. Das weckt Widerstand, weil sich die Anspannung des Redners auf die Zuhörer überträgt. Körpersprache ist ansteckend! Also finden Sie erst einmal eine Basis zu den anderen und lächeln Sie entspannt. Damit signalisieren Sie: Der hat alles im Griff und er will nichts von uns. Blicken Sie

Wer selbstsicher auftritt und positive Signale sendet, fesselt seine Zuhörer

freundlich – das bedeutet: er akzeptiert uns – in die Runde. Bevor Sie mit Ihrer Argumentation beginnen, geben Sie einen kurzen Abriss Ihres Vorhabens und stellen Sie dabei reihum mit jedem Sitzungsteilnehmer einen kurzen *Blickkontakt* her: Jetzt haben Sie die Aufmerksamkeit und zumindest die Basis-Sympathie der anderen errungen und haben Sicherheit demonstriert. Wer unsicher ist, vermeidet den Blickkontakt.

Natürlich haben Sie Ihre Worte gut gewählt und gut einstudiert. Doch Signale, nicht Worte entscheiden. Das wichtigste und überzeugendste Signal ist der Blickkontakt.

Das sollten Sie beherzigen:
■ Schauen Sie nicht hochkonzentriert auf Ihre Unterlagen und vergessen dabei die Anwesenden *ansprechend* anzusprechen. Wen man nicht anschaut, der fühlt sich nicht angesprochen.
■ Lassen Sie den Blick über die Anwesenden nicht hinwegschweifen, wenn Sie im Gedächtnis nach der richtigen Formulierung suchen. Signal: „Über euch seh ich doch hinweg!"
■ Blicken Sie nicht hastig von einem zum anderen, lassen Sie

Ihren Blick nicht umherirren. Signal: „Der ist aufgeregt, sich seiner Sache nicht sicher. Ich reagiere lieber mit Skepsis."
■ Saugen Sie sich nicht mit dem Blick an einem Mitarbeiter fest, der bewusst oder unbewusst das Magnetblick-Manöver anwendet oder den Sie noch am sympathischsten finden. Ihre Befürworter müssen Sie nicht überzeugen!

Worüber Sie reden, sollte Hand und Fuß haben. Doch vergessen Sie beim Reden nicht, jedem Anwesenden genügend Signale zu senden. Das ist harte Arbeit und erfordert Überwindung, Übung und Konzentration. Stellen Sie Blickkontakt immer mit denen her, die Ihre Aussage momentan besonders betrifft – das verstärkt nicht nur Ihre Wirkung, das wird geradezu erwartet: „Er redet über mein Gebiet, schaut mich aber nicht an – habe ich ihm was getan?" Unterstützen Sie Ihren Blick *mimisch* und *gestisch*, aber machen Sie keine einstudierten Handbewegungen und gewichtigen Mienenspiele. Das fällt deutlich auf, weil diese Signale nicht passen, und zwar besonders zu den unbewussten Signalen des Sprechers. Die Zuhörer merken schnell – nämlich unterbewusst durch die natürlichen Körpersignale – wie ein Redner sich fühlt. Wenn er unsicher ist und dann mit der Faust auf den Tisch haut, lachen alle – innerlich oder laut. Wenn er aber vor Unsicherheit hilflos mit den Schultern zuckt, hat er die Zuhörer überzeugt. „Der Kerl ist wenigstens ehrlich, dem kann man trauen!"

Entscheidend ist, dass Sie *keine Position vertreten, die Sie nicht vertreten wollen*. Selbst Zweifel lassen sich überzeugend verkaufen! Zum Beispiel: „Liebe Kollegen, ich gebe offen zu: Von dieser Alternative bin ich selbst nicht überzeugt!" Nichts überzeugt so sehr wie Offenheit. Ob Sie selbst überzeugt sind, merken Ihre Zuhörer an Ihrer Stimme, denn sie verrät jede Unsicherheit. Wie Sie Ihrer *Stimme* Überzeugung verleihen, können Sie im nächsten Kapitel lesen. Wichtig für Sitzungen ist besonders, dass Sie niemals aus der Kindrolle heraus reden und quengeln, bitten und betteln, trotzig fordern oder jammern, sondern sachlich, überzeugend und „erwachsen" reden.

Büroszene: Die Aha-Signale

Es gibt Kollegen, zu denen kann man nur bewundernd aufblicken – so überzeugend können sie reden. Bei einem kleinen, privaten Energieversorger in Süddeutschland spricht man noch heute von „Bertrands Bleistift". Als in einer Projektsitzung wieder einmal endlos lange über die richtige Drahtseilstärke für eine Konstruktion diskutiert wurde, stand ein

Dieser Moderator setzt sich durch

Monteur, Michael Bertrand, auf, hielt seinen Bleistift mit beiden Händen hoch und sagte: „Wenn wir diese Seilstärke tatsächlich verwenden – wisst Ihr dann, was beim nächsten Herbststurm passiert? Das knickt wie ein Streichholz!" Dann brach er den Bleistift in der Mitte entzwei; der Knacks klang wie Donnerhall in der Stille. Diese Geste war einfach genial, das Aha-Signal überzeugte alle.

Wenn Ihnen ein solches Aha-Signal einfällt, um Ihren Standpunkt wirksam zu unterstreichen: Testen Sie erst seine Wirkung unter Freunden, dann können Sie es einsetzen. Kämpfen Sie in

jeder Minute um die Aufmerksamkeit Ihrer Zuhörer: Halten Sie keinen einschläfernden Monolog, treten Sie in den *aktivierenden Dialog* ein. Weisen Sie beispielsweise mit der Hand auf den Kollegen: „Martin hat vorhin dazu schon einiges gesagt." Der Kollege folgt Ihnen gebannt. Oder blicken Sie ihn an, nicken Sie ihm zu, zwinkern Sie konspirativ mit dem Auge – was immer zur Textstelle, zum Partner und zu Ihnen passt. Meister der Rhetorik stehen sogar von ihrem Platz auf und schreiten während ihres Vortrags durch den Raum: Dann muss man ihnen buchstäblich mit dem Blick folgen. Die Aufmerksamkeit wird dadurch sanft erzwungen.

Wann ist es genug? Je geübter Ihr Auge Körpersignale erkennt und deutet, desto eher werden Sie erkennen, wann Sie Ihre Kollegen überzeugt haben:

- Sie haben Blickkontakt mit der Mehrheit.
- Die gesendeten Signale in Mimik und Gestik zeigen Ihnen Aufmerksamkeit, Zustimmung oder sogar Begeisterung.
- Je stärker sich die Kollegen Ihnen zuwenden, desto aufmerksamer und positiver gestimmt sind sie.

Gerade für die Körpersprache gilt: Die Masse macht's. Unter einer Lawine stummer Signale werden die Sitzungs-teilnehmer „begraben", ohne dass sie das bewusst registrieren. Denn ihr Bewusstsein ist auf Ihre Argumente gerichtet, das Unterbewusstsein reagiert dagegen auf Ihre stummen Signale. Senden Sie unsichere Signale, zweifeln die Kollegen. Senden Sie überzeugende, überzeugen Sie. Und selbst wenn Sie trotz aller Signale Ihren Standpunkt nicht durchsetzen konnten, werden Sie sich gut fühlen, denn Sie haben das Beste gegeben und sich nicht unter Wert verkauft.

Wenn es kracht auf der Sitzung

Die Luft ist dick, die Lage brenzlig, da springt ein Kollege plötzlich mit hochrotem Kopf auf, zeigt mit ausgestrecktem Zeigefinger auf Sie und schreit Sie mit überschlagender Stimme an: „Ihr Witzblattfiguren seid schuld an diesem Desaster! Warum könnt ihr euch nicht an die Termine halten?" Wie reagieren Sie? Es gibt Menschen, denen geht schon bei der Lektüre dieser Zeilen der Puls hoch. In der Sitzung selbst springen sie sofort auf und schreien zurück – eine ganz normale, automatische, reflexhafte Reaktion, die man später bereut. Denn geht man auf die Provokation ein, steckt man schnell im schönsten Krach. Und nach der Sitzung ärgert man sich dann, dass man sich wieder in einen völlig unproduktiven Streit hat verwickeln lassen . . .

Eine Seminar-Teilnehmerin erzählte mir: „Das Körpersprache-Seminar hat eine seltsame Nebenwirkung. Ich rege mich plötzlich nicht mehr auf, wenn mich einer anmacht. Ich beobachte ihn nur ganz fasziniert und denke: ‚Was für interessante Signale er macht! Jetzt ballt er die Faust, jetzt zielt er mit dem Kuli auf mich.'" Wer über der Sache steht, lässt sich nicht in Streitereien hineinziehen. Und eine der besten Techniken, über allem zu stehen, ist die *intensive Beobachtung:* Was macht wer? Wozu? Wie sieht es in einem aus, der zu solchen Signalen greifen muss? Wer distanziert beobachtet, strahlt eine Ruhe aus, die jeden Streithahn spätestens nach einer Minute entweder zurück auf den Teppich oder völlig aus dem Konzept bringt. Denn er signalisiert etwas, womit der Streithahn am wenigsten rechnet: Sicherheit und Aufmerksamkeit. Plötzlich fühlt sich der Angreifer erstens verunsichert und zweitens ernst genommen – und bricht seinen Angriff ab. Machen Sie die Probe aufs Exempel. Es ist keine leichte Aufgabe, bei einem Übergriff von reflexhafter Flucht oder Angriff auf bewusste Beobachtung umzuschalten. Aber wenn es Ihnen nach einigen Versuchen immer besser gelingt, werden die Ergebnisse Sie reich belohnen.

Von Managern, die diese Distanzierung perfekt beherrschen, sagt man, sie seien „verhandlungssicher". Ein Frankfurter Unternehmer sagt: „Die Manager, die mitbrüllen und auf den

Tisch hauen, machen zwar mordsmäßigen Eindruck auf Meetings. Aber die besten Abschlüsse machen jene Manager, die ganz cool bleiben. Es ist wie beim Poker. Das Pokerface gewinnt." Eine Jungmanagerin sagt: „Ich balancierte mal auf einer Projektsitzung zwei Stunden lang haarscharf an einem Wutausbruch vorbei, weil einer der Kollegen auf stur stellte. Aber nach zwei Stunden ging ihm die Luft aus – dann machte ich den Sack zu. Ich hatte den längeren Atem. Wer tobt, ist schnell außer Puste." Manchmal muss man echte Ausdauer beweisen – doch am Ende siegt immer der kühle Kopf. Bleiben Sie ruhig und signalisieren Sie *freundliche Aufmerksamkeit* mit allen Attributen: Kopfnicken, Signalgeräusche (Hmh, Jaja, genau, so ist das …), direkter Blick. Wenn Sie Ihre stoische Freundlichkeit länger durchhalten als der Streithahn, dann haben Sie gewonnen.

Wie leite ich eine Sitzung?

Wir fühlen uns nicht wohl, wenn wir eine Sitzung leiten müssen. Wir stehen unter Druck. Entweder wir geben dem Druck nach und leiten zu zaghaft oder wir überkompensieren und leiten allzu forsch. Entweder wir können uns nicht durchsetzen oder wir reden alle anderen an die Wand. Bei der Sitzungsleitung ist entscheidend, wie man etwas sagt und wie überzeugend die Signale sind. Die Signale dürfen

und müssen nur eines zeigen: Ich bin hier der Leitende und nichts geschieht ohne meine Billigung. Wenn Sie das laut sagen, lachen alle, wenn Sie es stumm sagen, folgen sie Ihnen. Wenn man schon auf den ersten Blick sieht, dass Sie das Zepter führen, kommen die meisten erst gar nicht auf dumme Gedanken. Doch wie kommt man zu diesem überragenden Selbstvertrauen? Dazu eine einfache Übung.

Übung: „Moment of Excellence"

Wer vor einem Auftritt Angst hat, wird sie kaum los, wenn er ständig daran denkt. Aber man kann sich durch eine Übung vorbereiten. In Amerika wird diese Übung „Moment of Excellence" genannt. Erinnern Sie sich an eine Situation, in der Sie vor einer Gruppe sprachen und selbstsicher waren, zum Beispiel am Familientisch, im Verein, in der Freizeitgruppe, in der Kaffeeecke vor Kollegen – egal, wo und vor wem. Sie fühlten sich sicher, Sie fühlten sich wohl und redeten frei von der Leber weg, überzeugend und fließend. Das war Ihr „Moment of Excellence", Ihr Augenblick des Hochgefühls.

■ Spielen Sie diesen Film so oft vor Ihrem geistigen Auge ab,

- bis das Gefühl Sie ganz erfüllt.
- Wann Sie genügend vorbereitet sind, merken Sie an Ihren *Körpersignalen:* die Atmung wird ruhig, die Muskeln entspannt, die Haltung aufrecht, die Durchblutung besser. Dann fühlen Sie sich gut.
- Gehen Sie ganz in dieses Gefühl hinein und übertreiben Sie es ruhig ein wenig: Ich fühle mich super, ich könnte Bäume ausreißen, mir gelingt einfach alles.
- „Ankern" Sie dieses gute Gefühl mit einer *Signalgeste,* einer Handbewegung, und/oder mit einem *Signalwort.* Beispielsweise: Rechte Faust ballen und sich sagen: „Ich kann's."
- Denken Sie jetzt an die Sitzung: Die Unsicherheit ist schon geringer geworden. Denken Sie an die Sitzung und erleben Sie die Unsicherheit. Gehen Sie dann wieder innerlich in Ihren „Moment of Excellence". Sprechen Sie das Signalwort und machen Sie die Signalgeste. Denken Sie nun wieder an die Sitzung und beobachten Sie die Wirkung. Mit jeder Wiederholung werden Sie sicherer und sicherer.

- Wenn Sie dann in der Sitzung unsicher werden: Signalwort und Signalgeste geben – die Sicherheit kommt zurück.

Je häufiger Sie diese Übung machen und je besser Sie das Hochgefühl verankern, desto sicherer und schneller kommt es zurück. Oft verselbstständigt sich dieser Vorgang auch. Statt mit Unsicherheit reagieren Sie in Stresssituationen jetzt automatisch mit Sicherheit.

Wenn die innere Sicherheit stimmt, können Sie sich um Ihre äußeren Signale kümmern. Beginnen wir mit der *Kleidung.* Wer eine Sitzung leitet, muss schon der Blick auf die Kleidung erkennen lassen. Nicht viel besser, aber etwas besser: also Sakko statt Hemd, Hemd statt Blaumann, Kostüm statt Bluse und so weiter.

Und nun zur Sitzordnung: Wer sitzt bei Tisch an der Stirnseite? Der Vorsitzende, Leitende oder Moderator der Sitzung. Sie sitzen im Tischkreis? Kein Problem, dann wählen Sie als Moderator eben den prominenten Punkt des Kreises und sitzen vor der Pinnwand, dem Projektor oder unter dem Bild des Firmengründers. Sie sitzen im Stuhlkreis, ohne Tische? Wenn man weiß, dass man sich als Moderator hervorheben muss, fällt einem immer etwas ein. Ein alter Moderationshase rollte einfach seinen Bürostuhl herein, während die anderen auf gewöhnlichen Stühlen sitzen mussten.

Dann wählen Sie Ihre *Rolle*. Die Kindrolle verbietet sich von selbst; man moderiert erwachsen: „Kehren wir jetzt bitte wieder zum eigentlichen Punkt zurück, nämlich ...“ Wenn die Sitzung aus dem Ruder zu laufen droht, wechselt man zur Elternrolle: „Stopp, Kollege, so geht's nun wirklich nicht. Bitte bleib sachlich.“ Entweder der Kollege wird vernünftig und „erwachsen“ oder er wechselt von der undisziplinierten Kindrolle in die angepasste: „Jaja, ich wollte ja nur ...“ Natürlich hat das alles viel mit direkter Beeinflussung zu tun – aber dazu ist ein Moderator da, wenn es nötig wird. Es ist besser, die Kollegen zu dirigieren, als die Sitzung im Chaos versinken zu lassen. Meist können Sie direkte Eingriffe vermeiden, wenn Sie klug vorbeugen und von Anfang an Autorität statt Unsicherheit zeigen.

Die Sitzungsteilnehmer verhalten sich undiszipliniert:

- wenn der *Blickkontakt* des Moderators zu den einzelnen fehlt. Mit einem festen, aber wohlwollenden Blick hält man die Teilnehmer im Zaum. Viele Moderatoren blicken zu oft in die Unterlagen oder saugen sich an sympathischen Gesichern fest. Wem Sie bei seiner Wortmeldung aufmerksam folgen und wen Sie spiegeln, der reagiert nachher auch besser auf Ihre moderierenden Signale, wenn er beispielsweise stört oder wenn er aus der Reserve gelockt werden muss.

- wenn der Moderator *unsympathisch* wirkt. Viele Moderatoren geben sich „ernst und autoritär“, wirken dabei jedoch unabsichtlich unsympathisch. Einem griesgrämigen, unwirschen Moderator bringt man eher Widerstand entgegen; die Teilnehmer fallen in die trotzige Kindrolle.

- wenn der Moderator häufig Zeichen von *Unsicherheit* zeigt: Zappeln, Schnipsen, verkniffener Mund, unruhige Hände, verkrampfte Haltung ...

- wenn die *Stimme* des Moderators unsicher klingt. Gerade die Stimme ist das Steuerungssignal schlechthin. Wer eine schwache, leise, zu hohe Stimme hat, tut sich als Moderator sehr schwer. Ihre Stimme können Sie trainieren. Vor allem die *Signalgeräusche* sind entscheidend: „Moooment mal. Immer mit der Ruhe.“ „Ja, danke. Sehr guter Punkt.“ „Na? Komm, sag was dazu.“

Moderatoren dürfen keine *Marotten* haben. Sendet der Moderator die falschen Signale, hat das meist verheerende Folgen. Wenn ein Teilnehmer nervös mit dem Kuli schnippt, ist das zwar lästig, doch wenn der Moderator das tut, bekommt das ein ganz anderes Gewicht: „Will der mich nervös machen? Sage ich was Falsches? Blamiere ich mich gerade?" Viele Moderatoren erteilen einem Teilnehmer das Wort und vergraben dann ihren Blick in den Unterlagen. Damit verzichten sie auf alle Steuerungsmöglichkeiten. Man kann dann schüchterne Teilnehmer nicht ermuntern, wichtige Wortmeldungen nicht durch Spiegeln fördern und schwadronierende Redner nicht durch strafende Blicke oder ungeduldige Gesten zur Disziplin mahnen. Wie Signale wirken, wenn sie der Moderator gibt, hat die Moderationstechnik längst erkannt und effizient umgesetzt, zum Beispiel bei den vereinbarten Signalen.

Je reifer die Sitzungskultur ist, desto eher greifen Teilnehmer auf *vereinbarte Signale* zurück. In vielen Sitzungsräumen ist die gelbe Karte beispielsweise Standardausrüstung. Sie wird mit den Teilnehmern vorher vereinbart: „Wir müssen auf die Zeit achten. Jeder hat fünf Minuten für sein erstes Statement. Was soll ich tun, wenn die letzte Minute angebrochen ist?" Meist einigt man sich auf die gelbe Karte, ein sichtbares Tippen auf die Uhr oder ein anderes, vereinbartes Signal. Und da sich alle darauf geeinigt haben, kann man diese Regelung auch in 95 Prozent der Fälle durchsetzen – die Gruppe sorgt dann für den nötigen Druck. Als Steigerung dafür gibt es die rote Karte. Wie auf dem Fußballplatz bedeutet sie auch hier: Ende der Spielzeit. Die rote Karte entzieht das Wort bei Ablauf der vereinbarten Zeit mit sofortiger Wirkung.

In erfahrenen Projektteams gibt es darüber hinaus noch weitere *Signale:*
- eine Karte oder ein besonderes Zeichen für „Abschweifung – bitte zurück zum Thema"
- ein Signal für „persönlicher Angriff – bitte sachlich bleiben"
- die „Tumultglocke" des Sitzungsleiters ist wohl das bekannteste Signal.

Solange man es vorher gemeinsam vereinbart, kann der Moderator jedes beliebige Signal für jeden beliebigen Sachverhalt verwenden.

Gute Moderatoren sind Meister der Beeinflussung durch stumme Signale. Ein sehr wirksames Signal ist zum Beispiel die *Wahl des Sitzungsortes* und der *Sitzordnung*. Wenn die Manager in der Werkstatt neben den Drehbänken tagen, dann fällt es ihnen schwerer, die operative Ebene zu übersehen. Wenn man ohne Tische im Kreis sitzt, dann geht man weniger aufeinander los, weil der Tisch als Schutzwall und Burgmauer wegfällt. Oft wirkt ein *Ortswechsel* Wunder. Der Marketingleiter eines bayrischen Konzerns lud sein Projektteam eines Tages kurzerhand in einen Kombi und fuhr auf eine grüne Frühlingswiese: „In zehn Minuten hatten wir mehr erreicht als in zehn Stunden im Büro", sagte der 56-Jäh-

Ein guter Moderator erkennt auf einen Blick, wo die Falken und wo die Tauben sitzen, wer dafür oder dagegen ist und wer schon den Schlaf des Gerechten schläft – und moderiert entsprechend

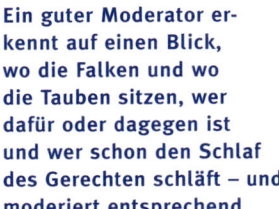

rige, „die Leute waren einfach viel lockerer, motivierter und kreativer."

Doch gute Moderatoren sind nicht nur Meister im Signalgeben, sondern auch im *Empfangen von Signalen*. Ein guter Moderator lässt es erst gar nicht zum Konflikt kommen, weil er schon an der Körpersprache einzelner Teilnehmer frühzeitig erkennt, wo es gärt. Er kann dann sofort eingreifen: „Gerti, ich sehe, dass du damit nicht einverstanden bist. Lass Franz noch ausreden, dann sprechen wir über deine Sichtweise." Machen Sie die Augen auf! Außerdem müssen Sie die Tagesordnung im Kopf haben, die Uhr im Blick, auf die Diskussion hören, den richtigen Teilnehmern zum richtigen Zeitpunkt das richtige Signal geben und dann auch noch auf die Körpersprache der Teilnehmer achten. All das scheint unmöglich. „Genau", sagte Robert Lembke einmal im Scherz,

„Moderator ist das lateinische Wort für: einer, der Unmögliches möglich macht." Eine Sitzung gut zu leiten ist eine hohe Kunst. Wenn man sie schließlich beherrscht, genießt man nicht selten hohes Ansehen. In einem hessischen Betrieb heißt es zum Beispiel: „Wenn Ihr nicht weiterkommt, holt den Scholz aus der Arbeitsvorbereitung. Das ist ein toller Schlichter."

Egal, welche Signale Sie im Alltag verwenden, sobald Sie moderieren, werden ganz bestimmte Signale von Ihnen erwartet. *Moderationsgesten sind ritualisiert.* Je besser Sie diese Rituale beherrschen, desto besser verläuft die Sitzung.

■ Das *Begrüßungsritual*. Die Teilnehmer erwarten vom Moderator eine Begrüßung. Je nach Anlass und Gruppe ist es eine persönliche Begrüßung mit Handschlag vor dem Sitzungszimmer oder es genügt die Begrüßung bei Sitzungseröffnung: Blickkontakt, selbstsicheres Lächeln, offene Haltung, freier Blick, einladende Gesten, bei den einführenden Worten jeden einzeln anschauen. Ein kleines Machtspiel zur Stärkung Ihrer Position: Sie beginnen erst, wenn Ruhe herrscht – oder schwingen die Sitzungsglocke. Die Glocke ist überhaupt ein herrliches Machtinstrument, das jedoch dosiert eingesetzt werden will, sonst verbraucht es sich.

■ Das *Übergaberitual*. Wenn Sie jemandem das Wort erteilen, dann werfen Sie es nicht unbesehen hin. Der Teilnehmer wird sich mit Schwadronieren oder Schmollen rächen. Machen Sie irgendeine Übergabegeste, die zu Ihnen passt, und stellen Sie Blickkontakt her; manchmal ist ein aufmunterndes Lächeln angebracht.

■ Das *Konfliktritual*. Teilnehmer erwarten eine starke Hand. Heben Sie die Stimme, klatschen Sie in die Hände, stehen Sie empört auf – wenn es angebracht ist und zur Situation passt. Man erwartet, dass Sie Grenzen setzen, denn wer sollte es sonst tun? Wenn der Moderator Grenzen setzt, werden sie in der Regel respektiert. Aber er muss sie wirklich setzen.

■ Das *Streichelritual*. Jeder Teilnehmer möchte beachtet werden. Die anderen Teilnehmer scheren sich manchmal nicht darum. Wenn Sie als Moderator jemanden vernachlässigen, entgleitet Ihnen die Sitzung, weil die Missachteten sabotieren. Also schenken Sie ihnen Aufmerksamkeit, Beachtung – mit entsprechenden Signalen.

Bei guter Moderation bringt eine Sitzung gute Ergebnisse in kurzer Zeit. Gute Moderatoren sind wahre Propheten, denn sie vermeiden zeitfressende Streitereien und können Probleme „riechen", noch bevor sie auftreten. Auch Sie können das.

Wenn Sie Ihre *Teilnehmer* scharf genug beobachten, werden Sie nämlich bemerken, dass jeder auf eine ganz bestimmte Art von Störung reagiert, unruhig wird oder taktische Wortmeldungen anbringt:

■ Die *Macher* werden unruhig und stören, wenn einer zu lange redet, wenn man von der Tagesordnung abweicht, Zeit vertrödelt oder wenn man nicht auf direktem Weg zur Entscheidung gelangt. Der direkte Weg der Macher regt jedoch gleichzeitig die Teamspieler auf, weil unter direkten Wegen oft die Harmonie leidet.

■ Die *Teamspieler* werden nervös und opponieren, wenn der Ton zu rau wird. Sie pflegen aktiv die Beziehungen; deshalb kann sich auch mal der Beginn der Sitzung oder der nächste Tagesordnungspunkt verschieben. Das ärgert dann die Macher.

■ Die *Machtorientierten* reden laut und schnell und machen sich wichtig. Sie unterbrechen, wenn ihnen etwas nicht passt, und ärgern damit manchmal Macher und Teamorientierte.

Wenn Sie diese drei Teilnehmertypen kennen, können Sie schon auf das kleinste Körpersignal reagieren. Zum Konflikt, zum großen Streit und zur Zeitverschwendung kommt es gar nicht erst.

Manchmal spielt *ein Teilnehmer mehrere Rollen* hinter- oder nebeneinander. Sie können aber immer davon ausgehen, dass es eine dieser drei Rollen ist und dass die Störung sich mit Warnsignalen ankündigt. Wenn also ein Teilnehmer unruhig wird, können Sie die Sitzung mit drei einfachen, stummen Fragen wieder in ruhiges Fahrwasser führen, noch bevor der Sturm losbricht:

■ Könnten wir etwas straffer diskutieren?
■ Leidet gerade das Klima?
■ Fühlt sich einer in seiner Machtposition bedroht?

Besänftigend wirkt auch, wenn Sie die *Rolle* des unruhig werdenden Teilneh-

mers direkt ansprechen: „Karin, ist dir der Vorwurf etwas zu überspitzt? *(nickt unglücklich)* Okay, dann will ich das mal anders formulieren. Was Michael eben meinte, könnte man auch so sagen: . . ."Wenn Sie die Bedenken der Teilnehmer schon abholen, noch bevor sie protestieren, sparen Sie viel Zeit. Wenn keiner sich übergangen fühlen kann, kommen Sie schneller zu Resultaten, die alle mittragen. Je früher Sie die Warnsignale bemerken, desto schneller kommen Sie zur Einigung.

Wenn Ihnen tatsächlich einmal ein Frühwarnsignal entgeht und ein Teilnehmer lospoltert und stört, ist das auch nicht schlimm – wenn Sie wissen, wie man mit Störern wirkungsvoll umgeht.

Wie eine Zurechtweisung besser wirkt:

■ Üben Sie intensiven *Blickkontakt*: Das ist dann der berühmte „scharfe Blick" oder die „ernste Miene". Leider trauen sich viele Moderatoren nicht, den Störenfried anzuschauen, wenn sie ihn maßregeln. Das kann man üben.

■ Lassen Sie Ihre Stimme voluminös und bestimmt klingen. Besonders stark wirkt es, wenn man jede Silbe ausrollt und seine ganze Amtsmacht in jedes Wort legt.

- Nehmen Sie eine direkte *Körper-haltung* ein: nach vorne beugen, voll zugewandt, offen. Und genauso direkt ist die Ansprache: Man nennt den Störenfried beim Namen. Auf den eigenen Namen reagieren Menschen automatisch stark.
- Senden Sie deutliche *Signale*: Jeder kennt den ausgestreckten Zeigefinger, den drohend erhobenen Zeigefinger, die auf dem Tisch geballte Faust ...

Der Moderator trägt – wenn man die Definition streng anwendet – zur eigentlichen Sachdiskussion nicht bei und er argumentiert nicht. Er sorgt „nur" dafür, dass die Diskussion schnell und reibungslos zum Ziel kommt. Je mehr Erfahrungen man macht und je öfter man übt und etwas daraus lernt, desto besser und überzeugender wirkt man als Moderator.

»Die Hände schwitzen, der Atem ist flach –
das nennt man dann Präsentation.«

NORMAN MAILER

FREIE REDE UND PRÄSENTATION

Heilkräuter gegen Lampenfieber

„Sie sollten dann ein paar Worte zum Publikum sagen." Kein Satz löst schneller und zuverlässiger Lampenfieber aus. Schon Tage vor der Rede wird man nervös, sucht nach Formulierungen und fiebert dem Augenblick der Wahrheit entgegen, an dem man aufs Podium steigen muss. Ist es dann soweit, hat man einen trockenen Mund, feuchte Hände, Atemnot. In diesem Zustand und mit dieser Einstellung bringt man zwar jede Rede hinter sich, aber macht keinen guten Eindruck, überzeugt oder begeistert nicht. Das ist nicht schlimm, wenn von der Rede oder Präsentation nicht viel abhängt. Wenn es aber darauf ankommt, wenn

die Ansprache zünden oder die Präsentation einschlagen soll, müssen wir das Lampenfieber in den Griff bekommen.

Lampenfieber ist der Erzfeind jedes Redners. Es macht ihn unsicher und diese Unsicherheit überträgt sich auf die Zuhörer. Hinter dem Pult wird einem Redner oft erst klar, dass es kaum darauf ankommt, *was* man sagt, sondern *wie* man es sagt. Machen wir dazu ein kleines Gedankenexperiment. Denken Sie an Schillers „Glocke", den „Erlkönig" oder ein anderes Gedicht, das Sie kennen. Stellen Sie sich zwei Vortragende vor. Ein Schauspieler und ein Nervenbündel. Beim Schauspieler fiebert man gebannt mit, beim Lampenfiebrigen wird das Zuhören zur Qual. Seltsam, denn eigentlich sind es dieselben Worte! Das kann nur eines heißen: Nicht die Worte machen die Wirkung, sondern der Auftritt. Lampenfieber vernichtet auch die besten Argumente.

Jeder Redner hat Lampenfieber – erfahrene Redner werden jedoch besser damit fertig, denn sie kennen Tipps gegen Lampenfieber:

- Bauchatmung
- ausreichende Vorbereitung
- Gummiball kneten
- das 60-Sekunden-Lächeln.

Bauchatmung ist ein jahrtausendealtes Mittel (nicht nur) gegen Lampenfieber und basiert auf dem Umkehrprinzip. Wenn man unter Stress stoßartig atmet, reduziert ein tiefer, ruhiger Atem des Stress. Ein verblüffender Zusammenhang: Die Atmung ist sowohl Folge, als auch Ursache von Unsicherheit. Je unsicherer man ist, desto flacher atmet man, und je deutlicher man selbst den flachen Atem bemerkt, desto unsicherer wird man und atmet dann noch flacher … Dieser Mechanismus verläuft manchmal auch in eine umgekehrte Richtung, die gefährlichere Auswirkungen haben kann: Hyperventilation. Wer zum Hyperventilieren neigt, kennt oft schon den Trick dagegen: in eine Tüte atmen. Wie wichtig eine ruhige Atmung für die Selbstsicherung ist, verrät uns der Volksmund: „Erst mal tief Luft holen." „Tief durchatmen." Tief heißt: Nicht wie sonst üblich aus der Brust

atmen, sondern mit dem Zwerchfell aus dem Bauch heraus.

Viele Leute verwechseln „tief atmen" mit dem Aufblähen der Brust. Sie erkennen den Unterschied sofort, wenn Sie Ihre Hände auf den Bauch legen. Die Zeigefinger liegen ein bis zwei Zentimeter neben dem Nabel, die Daumen auf dem untersten Rippenbogen. Wenn Sie jetzt aufrecht sitzen oder stehen und wirklich tief einatmen, heben sich Ihre Hände leicht, weil der Bauch sich vorwölbt. Der Atem geht sozusagen bis in den Bauch hinein. Tatsächlich tut er das nicht. Das Zwerchfell füllt die Lungen nur so stark mit Luft, dass sie auf die Eingeweide drücken und diese nach vorne schieben, weil nach unten kein Platz ist. Jedenfalls sind so die Lungen voller Luft. Wenn Sie sich um Bauchatmung bemühen, werde Sie schnell ruhig, falls Sie zwei Dinge beachten: Sie sollten vier- bis sechsmal hintereinander atmen, um Wirkung zu erzielen. Nur wenn Sie aufrecht sitzen oder stehen, ist der Bauch frei zum Atmen; außerdem stärkt diese aufrechte Haltung Ihr Selbstbewusstsein und wirkt nach außen überzeugender.

In vielen Rhetorik-Büchern finden Sie zur *Vorbereitung einer Rede* den Tipp: „Wer sich gut vorbereitet hat, hat kein Lampenfieber." Doch das ist von Mensch zu Mensch anders: Es gibt Redner, die werden nervös, wenn sie *kein* Manuskript bei sich haben. *Andere* werden nervös, wenn sie vom

Manuskript ablesen müssen – sie fühlen sich eingezwängt. Finden Sie heraus, was Ihnen liegt, und bereiten Sie sich entsprechend vor. Wer Lampenfieber hat, weil er *Zwischenfragen* fürchtet, dem nützt auch das beste Skript nichts. Er braucht eine Liste mit überzeugenden Antworten auf mögliche Fragen. Jeder Mensch erlebt sein Lampenfieber auf andere Art und braucht deshalb seine eigene Strategie. Wer herausfindet, warum er Lampenfieber hat, der kann es mit dem passenden Mittel reduzieren.

Der *Gummiball* ist ein wirksames Stressventil. Hinter dem Rednerpult werden sogar Meisterredner manchmal noch nervös. Die Nervosität wirkt in die Mimik und Gestik hinein: man krampft seine Hände ums Pult oder ums Skript, das Gesicht wird verbissen und die Zuhörer überhören die Argumente, weil sie nur noch denken: „Was hat er denn?" Man kann jedoch seine Nervosität gezielt „abfließen" lassen, indem man die Zehen in den Schuhen abwechselnd krümmt und wieder streckt oder in der Jackettasche einen kleinen Gummiball knetet. Ein Stressventil ist in zwei Situationen sehr hilfreich: Wenn es mitten in der Rede zu einem unvorhergesehenen Ereignis kommt (Panne, Zwischenfrage, Sie verlieren den Faden . . .) oder wenn Sie sich eine Marotte angewöhnt haben. Das ist weit verbreitet: Sicher haben Sie auch schon Redner beobachtet, die hin- und herschwanken wie ein seekranker Matrose, sich am Pult festkrallen, dass die Knöchel weiß werden, nervös mit dem Kuli oder Zeigestock spielen oder den Kopf hin- und herneigen. Das sind *Ventilgesten*, die so unangenehm sind, weil sie selbst die Zuhörer in der letzten Reihe noch mitbekommen. Wenn Sie den Ball kneten, hat der Stress auch sein Ventil, aber eines, das keiner bemerkt.

Das ist ein gewandter, erfahrener und selbstsicherer Redner! Und nur ein geübtes Auge erkennt, dass er gerade wie wild seinen Stressball knetet. Deshalb ist er so sicher und souverän: Der Stress fließt unsichtbar ab

Das *60-Sekunden-Lächeln* ist eines der schönsten Rezepte gegen Lampenfieber. Sie sollten es unbedingt ausprobieren – nicht erst vor der nächsten

Rede. Stellen Sie sich vor den Spiegel und versuchen Sie, eine volle Minute lang sich so breit und fröhlich wie möglich anzulächeln. Es erfordert fast übermenschliche Anstrengung, eine ganze Minute lang gegen die Zweifel anzukämpfen und tapfer zu lächeln – aber es lohnt sich. Die Blutbahn ist danach mit so viel Wohlfühl-Hormonen vollgepumpt, dass einfach kein Platz mehr für Adrenalin ist. Und die bösen Gedanken sind verschwunden.

Da jeder eine andere Art von Lampenfieber hat, hat jeder auch ein anderes Mittel, das hilft. Sie finden Ihr *persönliches* Rezept, indem Sie vieles ausprobieren. Oft hilft auch die Kombination mehrerer Mittel. Eine Angestellte in einem Elektrokonzern sagt: „Ich bereite mich gründlich vor. Je besser ich das Thema kenne, desto sicherer werde ich. Vor meinem Auftritt mache ich solange Bauchatmung, bis ich ganz ruhig bin. Und wenn einer eine blöde Frage stellt und mich auf dem falschen Bein erwischt, atme ich erst zweimal tief durch, bevor ich antworte."

Erfahrene Redner wissen auch: Wenn man erst fünf Minuten vor dem Auftritt beginnt, sein Lampenfieber zu bekämpfen, ist es zu spät. Der erste Schritt ist immer, sich das Lampenfieber so früh wie möglich einzugestehen und damit zu rechnen. Schon allein das *Akzeptieren des Problems* verschafft erste Erleichterung und das Vorbeugen kann rechtzeitig beginnen.

Die Quelle der Begeisterung

Wer sein Lampenfieber im Griff hat, wirkt noch lange nicht überzeugend. Überzeugend wirkt man nur, wenn man *selbst überzeugt* ist.

Es gibt viele Quellen, aus denen Sie eine höchst ansteckende Überzeugungskraft tanken können. Jeder Mensch hat zumindest eine, die meisten haben mehrere. Es gibt Menschen,

- die sind Feuer und Flamme für ein bestimmtes Thema (Bundesliga, Differentialsperre, Produktqualität . . .),
- die sich für eine Sache voll einsetzen (Markt erobern, Projekte beschleunigen . . .),
- denen die Zuhörer am Herzen liegen,
- die es lieben, Fakten aneinander zu reihen und Zusammenhänge aufzuzeigen,
- die am liebsten über Missstände herziehen,
- die gerne Anekdoten erzählen.

Die Liste ist beliebig fortzusetzen. Man kann sie auch in einem Satz zusammenfassen: *Rede nur über das, was dir nahe geht.* Bei jedem Menschen ist das etwas anderes. Sie werden jetzt vielleicht wie einer meiner Seminarteilnehmer einwenden: „Ich interessiere mich für Versicherungsmathematik und soll vor meiner Arbeitsgruppe über Kundenorientierung reden. Wie passt denn das zusammen?" Genau das ist die Frage. Wenn Sie eine Antwort darauf finden, können Sie die Rede Ihres Lebens halten – jedes Mal aufs Neue. Jedes beliebige Thema lässt sich mit Ihrer persönlichen Quelle der Begeisterung verbinden. Sie müssen diese Verbindung lediglich suchen und herstellen: Manchmal sehen Sie die Verbindung spontan und intuitiv, manchmal müssen Sie minuten-, selten stundenlang danach suchen. Natürlich lässt sich Ihre Quelle der Überzeugungskraft und jede der Anti-Lampenfieber-Strategien auch für jeden anderen Anlass nutzen: Bewerbung, Sitzung, Chefbegegnung, Mobbingabwehr, Kundengespräch . . .

Büroszene: Die schüchterne Verkäuferin

Begeisterung führt zum Erfolg als Redner – und sie stellt die gängigen rhetorischen Regeln auf den Kopf. In Rhetorik-Seminaren lernt man, dass man die Zuhörer anschauen muss und gezielt Mimik, Gestik und Stimme einsetzen soll, um sie wachzuhalten. Aber das stimmt alles nicht mehr, wenn ein begeisterter Mensch redet. Bei einem deutschen Chemieunternehmen arbeitet eine Verkäuferin, die ist fast krankhaft schüchtern. Jedesmal, wenn sie vor zwanzig oder dreißig Landwirten ihre neuesten Dünger anpreisen soll, ist sie so nervös, dass sie die Zuhörer nicht mal anschaut, wenn sie sie begrüßt, ihre Mimik ist wie

versteinert und ihre Hände kleben an ihren Rockfalten fest – lauter rhetorische Todsünden, die normalerweise unweigerlich zum Fiasko führt. Doch spätestens nach zwei Minuten sind die Zuhörer gebannt von ihr. Ein Kollege sagt neidisch: „Die hängen ihr an den Lippen." Warum? Sie redet so begeistert von dem neuen Produkt, dass das simpelste und stärkste Prinzip der Rhetorik wirkt: Die Begeisterung springt über. Und da es das Lieblingsthema der Verkäuferin ist, ist sie jedesmal begeistert, wenn sie redet. Ihre Begeisterung löst ihre Mimik und Gestik. Sie kann immer noch nicht den Zuhörern ins Gesicht schauen – aber das bemerken diese schon lange nicht mehr, weil die Begeisterung der Verkäuferin stärker wiegt als der Blickkontakt. Wer selbst brennt, zündet andere an.

Das Publikum auf seine Seite bringen

Wer genug Überzeugungskraft getankt hat, fühlt sich sicher hinterm Pult. Und diese Selbstsicherheit braucht man, um die Hauptaufgabe jeder Rede oder Präsentation zu bewältigen: das Publikum auf seine Seite zu bringen. Und wie immer reichen dafür Worte allein nicht.

Gerade beim Redner gilt: *Kleider machen Leute.* An einer US-Universität hörten sich drei Gruppen drei Redner zum Thema „Abrüstung" an. Ein Redner kam im weißen Laborkittel und Krawatte, ein anderer in Nadel-

Wer von diesen dreien ist kompetent? Wem glauben Sie? Dabei sind die drei ein und derselbe und ihre Worte sind dieselben

streifen, der dritte im Flanellhemd. Die Zuhörer beurteilten die drei Redner sehr unterschiedlich – dabei war es, Sie ahnen es bereits, ein und dieselbe Rede und ein und derselbe Redner: Nicht die Worte wirkten, sondern der Eindruck, den jeder Redner „überzeugend" vermittelte.

Also wählen Sie *Ihre Garderobe* mit Bedacht, fast so wie ein Schauspieler:

- Welche Rolle möchten Sie geben?
- Welche nützt Ihrem Ziel am besten?
- Welche Kleidung signalisiert „Ich gehöre zu euch" und hebt sich gleichzeitig deutlich genug ab, um Eindruck zu machen, aber nicht so stark, dass Sie sich ausgrenzen?

Wenn man als Redner schon diese prominente Stellung hoch über allen anderen hat, kann man mit seiner Kleidung ruhig etwas forscher sein, das heißt dem Anlass angemessen und zu den Zuhörern und der eigenen Person passend, aber doch etwas herausragender. Ein Beispiel dazu. Weil sein „gutes" Jackett gerade in der Reinigung war, musste der Vorstand eines kleinen Sportvereins in einem ziegelroten, sehr sportlich applizierten Jackett die Jahresversammlung leiten. Seine Frau hatte vorher die Hände überm Kopf zusammengeschlagen: „Gedeckt, mein Lieber, bloß nicht diese schreiende Farbe!" Doch hinterher kam einhellig die Rückmeldung: „Spritzig, wie du das wieder gemacht hast. Und dein Jackett – echt sportlich."

Auf diesen Bildern hören Sie kein Wort. Trotzdem: Wem von beiden hören Sie lieber zu? Nicht die Argumente machen den Erfolg aus, sondern die Ausstrahlung

Geben Sie möglichst vielen Menschen im Publikum *persönlichen Blickkontakt*. Sie werden sich wundern, wie weit Ihr Blick reicht. Auch den Hinterbänkler, der dreißig Meter entfernt sitzt, können Sie fixieren, wenn er den Blickkontakt erwidert. Sie spüren die Wirkung sofort: Die Körpersprache des Kontaktierten ändert sich. Er wird aufmerksamer, zeigt Reaktion auf das Gesagte, denn nun wirken Ihre Argumente unmittelbar auf ihn: Er fühlt sich direkt und *persönlich angesprochen*. Je intensiver und persönlicher der Blickkontakt, desto ruhiger und aufmerksamer sind die Zuhörer. Und um diese Aufmerksamkeit und persönliche Betroffenheit müssen Sie werben, wenn Sie überzeugen wollen. Mancher Redner sagt zwar: „Bitte schenken Sie

mir für einige Minuten Ihre Aufmerksamkeit." Aber Aufmerksamkeit bekommt man nicht geschenkt, man muss sie sich erkämpfen – mit den richtigen Signalen.

Nicht was man sagt, entscheidet, sondern wie man es sagt. Zunächst ist die *Stimme* der herausragende Indikator für Unsicherheit oder Sicherheit. Wenn sie zittert oder stockt, leise oder leiernd ist, zu laut oder zu dröhnend kommt, zu monoton oder zu aufgepeitscht, hört das Publikum nicht mehr auf Ihre Argumente, sondern regt sich teils bewusst, teils unbewusst über den „Stotterer" den „Lautsprecher" oder den „Nuschler" auf. Jeder hat auch seine kleine oder große *Marotte* beim Sprechen. Manchmal wird diese umso deutlicher, je stärker man seine Quelle der Begeisterung anzapft. Hier hilft nur eines: Hören Sie sich selbst zu – und zwar ständig. Das klingt schwierig, ist aber mit etwas Übung relativ einfach. Man muss es während des Sprechens üben, vor dem Spiegel, im Bekanntenkreis, unter Kollegen, bei kleineren offiziellen Anlässen oder bei internen Präsentationen.

Man kann seine Marotte zwar oft nicht vollständig ablegen, aber – wie eine Versandleiterin sagt, die zu schnell redet: „Wenn ich meine Marotte auf 25 Prozent herunterdrücke, gilt der Rest als originelle Eigenart." Wer seine Marotte(n) im Griff hat, kann in die Sprachführung einsteigen und mit seiner Stimme spielen, wie auf einem Instrument. Dann reißt er die Leute mit: laut, leise, schnell, langsam, todernst, humorig, im Staccato-Ton oder fließend – die Abwechslung und die Gegensätze machen die Musik. Spielen Sie mit diesen Stilmitteln.

Je *weniger* man sagt, desto *besser* kommt man an, denn dann können die Zuhörer folgen und auch etwas behalten. Die *Kunstpause* ist ein äußerst wirksames Mittel zur Betonung des Gesagten. Setzen Sie sie bewusst und mit Bedacht. Anfänger möchten möglichst viele Informationen geben. Meisterredner reden dagegen so wenig wie möglich, um jedem einzelnen Wort mehr Gewicht zu geben. Hans Carossa, ein deutscher Schriftsteller, sagte einmal: „Ein guter Redner braucht ungefähr 30 Sätze für ein gu-tes Argument. Ein hervorragender Redner macht es in dreien." Weniger ist mehr und die Pause an der richtigen Stelle sagt mehr als tausend Worte.

Wie verständlich sprechen Sie? Unterschätzen Sie den Theater-Effekt nicht! Die Schauspieler auf dem Theater reden alle betont laut und betont deutlich. Große, offene Vokale, harte, deutliche Konsonanten. Denn je weiter der Schall wandern muss, desto stärker leidet die *Verständlichkeit*. Achten Sie also darauf, dass Sie deutlich, laut und langsam genug sprechen. Stimmführung ist Trainingssache. Gute Redner üben mit ihrer Stimme wie mit einem Instrument: regelmäßig, systematisch, oft. Je öfter Sie üben, desto besser werden Sie. Reden lernt man nur durch Reden.

Achten Sie auf Ihr Sprechtempo. Wir alle haben eine „rhetorische Normalgeschwindigkeit". Das ist nicht dieselbe, die wir in der Alltagskonversation benutzen. Bei einer Rede vor Publikum reden manche betont langsam, andere extra schnell. Denken Sie daran: Sprechen Sie der Verständlichkeit halber lieber etwas langsamer – aber nicht stockend! Schnell reden strengt die Zuhörer zu sehr an. Meisterredner variieren ihr Tempo virtuos: Lento – Adagio – Presto – Furioso. Erklären Sie Kompliziertes betont langsam und behutsam. Dann, wenn die Zuhörer verstanden haben, steigern Sie das Tempo. Schauen Sie, welcher

Temposteigerung die Zuhörer folgen können, setzen Sie noch einen Schlussspurt an und gönnen Sie dann allen eine Rast: eine Kunstpause. So können Sie Zuhörer mitreißen.

Viele Amateur-Redner reden zu leise. Sie fühlen sich unsicher – das merkt ihr Publikum. Ein Argument, das nur die vorderste Reihe versteht, ist nutzlos verpufft. Trainieren Sie *lautes Reden*. Gute Redner hören sich selber zu. Sie kennen ihre Stärken und Schwächen und fragen sich ständig: Laut genug? Deutlich? Nicht zu schnell? Es kostet nicht einmal viel Übung, sich selbst zu kontrollieren.

Büroszene: Der SPD-Parteitag

Im Focus 50/1997 schrieb Chefredakteur Helmut Markwort in seinem Editorial: „Die professionellen Beobachter des SPD-Parteitags in Hannover notierten sogar unauffällige Handbewegungen und Zufallsgesten von Oskar Lafontaine und Gerhard Schröder, um das Duell der beiden Kandidatur-Kandidaten zu bewerten. Als hätten sie ein paar Semester Körpersprache studiert, analysierten sie jedes Lächeln, die Handschlaggeschwindigkeit beim Applaus und das Hochziehen einer Braue bei ökonomischen Bemerkungen. Eine Umfrage unter Tagungsteilnehmern ergab einen Mehr-Punkte-Vorsprung für Lafontaine vor dem niedersächsischen Lokalmatador Schröder. ‚Lafontaine war jede Minute der Chef der Veranstaltung, Schröder bemühte sich, der Musterschüler zu sein‘, analysierte einer der Auguren. Ein häufig beschriebener Unterschied: Lafontaine redete schwungvoll und frei, weil er sich als souverän und maßgebend empfand; Schröder hielt eine perfekt gestaltete Rede, las sie aber – gegen seine Begabung – wortgenau vom Blatt, um nicht spontan vom Parteipfad abzuweichen." Was der Focus-Boss da implizierte, ist beachtlich: Die Körpersprache bestimmt, wer sich auf politischer Ebene durchsetzt.

Eine gute Rede muss überzeugen. Jeder Zuhörer fragt sich innerlich: Überzeugt mich das? Und da wir den *Halo-Effekt* kennen, sollten wir ihn nutzen: Wer sympathisch ist, wirkt überzeugend. Also sollte man hin und wieder ein *gewinnendes Lächeln* einbauen und Souveränität zeigen. *Humorige Redewendungen* und die entsprechende *Mimik* wie Augenzwinkern oder gar ein erfrischendes Lachen unterstützen diesen Eindruck. Es kommt auch gar nicht darauf an, ob Sie ablesen oder frei reden. Hanns Dieter Hüsch, der berühmte Kabarettist, liest seit Jahrzehnten vom Blatt. Aber er macht das so sicher und überzeugend und mit offensichtlichem Spaß bei der Sache, dass seine Begeisterung überspringt. Dagegen erlitt Schröder (s. o.) Schiffbruch, weil jeder bemerkte, dass sich ein begnadeter Stegreif-Redner von einem Skript an die Leine legen ließ.

Dasselbe gilt für *mundartliche Einfärbung*. Früher trichterten die (schlechten) Rhetorik-Lehrer einem ein: „Hochdeutsch wird geredet!" Es gibt nichts Peinlicheres, als einen Redner, der offensichtlich seine Herkunft verleugnet. Ein Redner überzeugt, wenn er überzeugend ist. Ein Manager sagte auf einer Präsentation: „Ich werde versuchen, verständlich zu sprechen, aber wenn ich in meine bayerische Muttersprache abrutsche, dann bin ich dankbar, wenn einer der Anwesenden ‚Schmarrn' ruft – das ist das bayrische Wort für ‚Unsinn'." Die Zuhörer lachten herzhaft – der Redner hatte sie schon auf seiner Seite. Wer selbstsicher und freundlich auftritt, der überzeugt auch mit Dialektfärbung – sofern er verständlich bleibt. Etwas ganz anderes ist es, wenn man seinen *Dialekt als Schutzwall* hochzieht – auch das bemerkt das Publikum sofort.

Noch ein Wort zu *Haltung, Mimik und Gestik*. Je sicherer und aufrechter Sie stehen, desto sicherer fühlen Sie sich. Und je freier Sie Hände und Mimik spielen lassen, desto überzeugender wirken Sie. Doch selbst bei guten Rednern ist die Gedanken-Gesicht-Kopplung während der Rede manchmal aufgehoben, wenn die Anekdote genauso wichtigtuerisch kommt wie Gravierendes. Auf dem Podium darf man sein Mienenspiel ruhig etwas übertreiben – wie auf der Bühne auch. Die Haltung sollte in erster Linie locker und ungezwungen sein. Für Prä-

sentationen gilt das noch stärker als für andere Reden. Wer als Präsentator am Pult, an der Pinnwand oder am Overhead-Projektor wie einbetoniert stehen bleibt, demonstriert Unsicherheit. Könner wechseln den Standpunkt, so oft es sich anbietet. Sie setzen den Ortswechsel ein, um Souveränität zu demonstrieren und die Augen der Zuhörer zu beschäftigen. Denn wer beschäftigt ist, bleibt aufmerksam.

Sie haben jetzt eine Menge Tipps für eine überzeugende Körpersprache bei Reden und Präsentationen bekommen. Bauen Sie jene ein, die Sie auf Anhieb mögen, und bauen Sie darauf auf. Die Tipps ergeben einen Sinn, wenn Sie wissen, wohin das alles führen soll – zur *Überzeugung des Publikums*.

Die wichtigste Vokabel der rhetorischen Körpersprache ist der wache Blick ins Publikum:

- Wie aufmerksam sind sie?
- Wie viel Zustimmung wird signalisiert?
- An welchen Punkten sinkt das Verständnis?

Ein wacher Blick führt Sie zum Erfolg. Dabei sollte *signalisierte Aufmerksamkeit* Ihr Minimalziel sein. Besser sind Zustimmung oder gar Begeisterung. Wenn sich viele Zuhörer am Kopf kratzen, den Blick wandern lassen, ständig auf die Uhr schauen, mit ihren Unterlagen spielen, auf dem Stuhl herumzappeln . . . dann verlieren Sie.

Sie kennen inzwischen die Signale der Unsicherheit, Ablehnung, Aufmerksamkeit und Zustimmung, auf die es ankommt. Folgen Sie diesen Signalen. Das sind Ihre Wegweiser – nicht Ihr Skript. Eine professionelle Präsentatorin sagt: „Ich habe zwar ein Manuskript, aber ich werfe es fast immer mitten in der Rede weg, wenn ich merke, wo das Publikum tatsächlich sein Hauptproblem hat." Wer diese kritischen Punkte an den stummen Signalen der Zuhörer bemerkt – sie sind für ein waches Auge immer offensichtlich – und sich flexibel darauf einstellt, statt sklavisch am Skript zu kleben, hat gewonnen. Diese Flexibilität ist anspruchsvoll, denn man muss die *Signale der Quertreiber* von den *Signalen der Verunsicherten* trennen können. Viele Redner, die Flexibilität falsch verstehen, bearbeiten minutenlang ihre Gegner und verlieren darüber ihre Anhänger. Man muss zu unterscheiden lernen, wer aus Unsicherheit und wer aus Trotz blockiert.

Gute Redner haben einen traumhaft sicheren Draht zu ihrem Publikum. Man nennt das in der Fachsprache *Rapport*. Es ist, als ob beide sich blind verstünden. Der Redner scheint zu ahnen, was die Zuhörer beschäftigt, und er scheint dann konsequent darauf einzugehen. Solche Redner hört das Publikum immer wieder gerne, denn sie können die Signale ihrer Zuhörer lesen. Je entspannter, lebhafter und freundlicher die Gesichter der Zu-

hörer sind, je stärker die Oberkörper dem Redner zugewandt sind (Nase-Nabel-Kontakt), je häufiger der Blickkontakt ist, je aufrechter oder zurückgelehnt und offen die Körper- und Armhaltung ist, je lockerer die Beine gehalten werden und je stärker das Publikum Beifall murmelt, desto mehr stimmt es dem Redner zu. Eine Rede ist kein Monolog, sondern ein Dialog. Der Redner spricht laut und die Zuhörer antworten stumm. Und je besser sich alle verstehen, desto größer ist der Erfolg des Redners.

Die innere Einstellung

Wir haben oben gesehen, dass man mit einer Heidenangst vor dem Publikum mitreißend reden kann, wenn man vom eigenen Thema mitgerissen ist. Aber wenn man selbst nicht begeistert ist, merkt das Publikum sehr bald, was der Redner von ihm hält, weil die Körpersprache es immer verrät: der etwas herablassende Ton bei komplizierten Erklärungen, eine verräterisch wegwerfende Handbewegung bei einer überraschenden Zwischenfrage. Man kann noch so versiert in Körpersprache sein und noch so eloquent reden, das alles hilft nichts, wenn die innere Einstellung immer wieder durch verräterische Signale hervorblitzt. Deshalb ist ein ganz wichtiges Element für ein überzeugendes Auftreten eine *positive Einstellung gegenüber dem Publikum*. Das ist manchmal sehr schwer, wenn man eine „dumpfe Masse", „den blöden Vorstand" oder „die ekligen Kollegen" vor sich hat. Wer so denkt, sollte sich keine Hoffnungen auf Erfolg machen, denn seine Gedanken bestimmen die Signale. Ein Ausweg aus diesem Dilemma: Etwas Positives und Konstruktives findet man selbst am übelsten Publikum. Suchen Sie es.

Büroszene: In der Höhle des Löwen

Norman Vincent Peale, der US-Prediger, musste einmal in einem Gefängnis über den christlichen Glauben reden. Schon Tage vorher wusste er, dass die Häftlinge ihn ausbuhen würden. Vergeblich suchte er stundenlang nach einer konstruktiven Einstellung zu diesem Publikum, bis ihm seine Frau sagte: „Wenn du so sicher bist, dass sie dich auspfeifen, dann bin ich gespannt, wie viele Minuten du dich da oben halten kannst." Sein Lampenfieber war wie weggeblasen. Aber weil er ein begnadeter Redner war, ging er noch weiter. Er machte diese innere Einstellung publik und sagte am Abend der Rede vor 500 grimmig dreinblickenden Häftlingen: „Ich weiß, dass ich keine Chance gegen 500 der härtesten Burschen des Staates New York habe. Ich möchte 15 Minuten zu Ihnen reden und weiß, dass ich keine fünf Minuten weit kommen werde, bevor Sie mich auspfeifen. Aber jede Minute, nein,

jede Sekunde, die ich mich hier oben halten kann, ist für mich schon ein Erfolg." Er redete über drei Stunden in atemloser Stille und danach sagte ein Häftling: „Jeder Redner hier macht sich in die Hosen. Aber Sie sind der Einzige, der das zugab und trotzdem weitermachte. Das hat uns imponiert, deshalb wollten wir hören, was Sie zu sagen haben." Zu jedem Publikum, selbst dem schwierigsten, kann man eine positive Einstellung entwickeln. Finden Sie sie.

Es überrascht mich immer wieder, wie viel die meisten Menschen über eine erfolgreiche Körpersprache wissen. Sie wissen, was ein Redner mit seinen Händen und Mienen tun muss, um Erfolg zu haben. Sie wissen, wie man reden müsste, aber sie resignieren: „Ach, das bin ich doch nicht." Natürlich nicht – nicht 24 Stunden am Tag. *Jeder Mensch kann einige Minuten oder Stunden überzeugend auftreten.* Das ist ein Teil der Persönlichkeit, den jeder von uns mitbekommen hat. Beim einen ist er stark ausgeprägt, beim anderen eher schwach – aber vorhanden ist er trotzdem. Man muss ihn nur entdecken und fördern. Auch Ihre rhetorischen Fähigkeiten schlummern irgendwo in Ihnen und warten nur darauf, entdeckt und gefördert zu werden. Jeder kann diesen Teil seiner Persönlichkeit einige Minuten herauslassen, ohne fürchten zu müssen, dass er sich dabei verstellen muss oder sich selbst verlieren könnte.

*»Es ist mir egal, wie brillant Sie sind. Wenn
Sie niemand mag, werden Sie keine Kunden gewinnen.«*

LARRY KATZEN, UNTERNEHMENSBERATER

MIT KUNDEN UMGEHEN

Das Geheimnis der Spitzenverkäufer

Falsche Körpersprache kostet Geld. Zur Zeit erlebt das der Fachhandel. Den traditionellen Fachgeschäften laufen die Kunden in Scharen davon und bei jeder Kundenbefragung zeigt sich derselbe Grund: schlechter Service. Warum passiert das den Verkäufern? Weil sie keine Ahnung vom Verkaufen haben? Weil sie schlecht ausgebildet sind? Nein. Sie gehen von der falschen Annahme aus, dass das Wichtigste beim Verkaufen das Fachwissen ist. Fragt man jedoch Kunden, was das Wichtigste an einem Verkäufer sei, antworten die meisten: „Dass er freundlich ist und sich auskennt." Kunden erwarten Körpersignale, die *Freundlichkeit* signalisieren, die Verkäufer geben ihnen jedoch Körpersignale, die *kalte* *Kompetenz* signalisieren. Verkaufsleiter wissen: Kumpel verkaufen besser als Oberlehrer. Nicht die fachkompetentesten Verkäufer verkaufen am besten, sondern jene, die am besten mit Menschen umgehen können, auf sie zugehen, auf ihre Wünsche hören und darauf eingehen. Niemand kauft gerne bei einem unsympathischen Verkäufer. Das gilt für Konsumgüter, aber auch für Investitionsgüter, viel stärker als es der Durchschnittsverkäufer glaubt.

Natürlich haben außer Verkäufern noch viele andere Mitarbeiter Kundenkontakt: die Mitarbeiter im Service, im Innendienst, Kundendienst, in der Instandhaltung, die Key Accounts ... Wenn im Folgenden von „Verkäufern" zu lesen ist, dann sind *alle Mitarbeiter* – auch Führungskräfte – *mit Kundenkontakt gemeint.*

Büroszene:
Signale über den Wolken

Focus meldete unter der Überschrift „Britischer Charme unerwünscht" im Winter 1997, dass bei der englischen Fluglinie British Airways ab kommendem Monat 20 000 Stewardessen und Stewards des Boden- und Kabinenpersonals Kurse für Körpersprache belegen müssten. Man wollte erreichen, dass sie weniger britisch auftreten und sich stattdessen mehr international und locker gäben. Können Sie sich vorstellen, wie viel Geld es kostet, 20 000 Mitarbeiter hinreichend zu schulen? Dann können Sie ermessen, wie wichtig Körpersprache für British Airways ist.

Deutsche Verkäufer wirken unfreundlich, weil sie die Fachkompetenz überbewerten. Hinzu kommt, dass sie zur Freundlichkeit ein schlechtes Verhältnis haben: „Bei diesem Gehalt ist Freundlichkeit nicht drin." „Der Chef behandelt mich ja auch schlecht." „Bei diesem Stress kann man nichts anderes erwarten." Den Vogel schoss eine Verkäuferin ab, die mir verriet: „Die Kunden könnten ruhig etwas freundlicher sein!" Seit wann ist es die Aufgabe des Kunden, freundlich zum Personal zu sein? Und wie viel zahlt die Verkäuferin dem Kunden von ihrem Gehalt für diese Dienstleistung? Natürlich steckt in diesen Äußerungen auch ein Körnchen Wahrheit: Jeder Verkäufer würde besser verkaufen, wenn der Chef und die Kunden freundlicher, das Gehalt höher und die Arbeitszeiten angenehmer wären. Es ist üblich, über schlechte Arbeitsbedingungen zu klagen, aber es ist ein Fehler, damit den Kunden zu belästigen und ihn Unzufriedenheit spüren zu lassen. So setzt man eine *Misserfolgsspirale* in Gang: Chef ist unfreundlich zu Verkäufer – Verkäufer ist unfreundlich zu Kunde – Kunde erhebt mehr Einwände, kauft weniger und reklamiert bösartiger – Verkäufer reagiert noch unfreundlicher – Kunde kauft noch weniger . . . und so weiter. Am Ende der Spirale ist der Verkäufer arbeitslos.

Der Verkäufer ist freundlich und wirkt deshalb auch fachkompetent (Halo-Effekt)

Eine *positive Einstellung zum Kundenkontakt* ist kein Akt der Nächstenliebe. Natürlich fühlt sich ein Kunde in Gegenwart eines freundlichen Verkäufers besser. Doch am meisten profitiert der Verkäufer selbst von seiner Freundlichkeit:

■ Er fühlt sich besser als ein missmutiger Verkäufer.
■ Er ist dadurch zufriedener mit seiner Arbeit.
■ Mit guter Laune lassen sich Mobbing der Kollegen, nörgelnde Chefs und maulende Kunden besser ertragen.
■ Er verkauft besser als ein missmutiger Verkäufer, denn der Kunde macht weniger Einwände, wenn er freundlich behandelt wird. Freundlichkeit ist ansteckend.

Die Einstellung zum Verkaufen ist wichtig: Wenn wir „gut drauf" sind, läuft es fast von selbst. Wenn wir „down" sind, geht vieles schief. Was nur wenige wissen: Man muss nicht auf die gute Stimmung warten, denn man kann sie gezielt herbeiführen. Mit der richtigen Grundeinstellung im Kopf kommt die überzeugende Körpersprache von ganz allein.

Übung:
Die Grundeinstellung finden

Je positiver die Grundeinstellung, desto überzeugender die Körpersprache, desto erfolgreicher der Kundenkontakt. Finden Sie Ihre positive Grundeinstellung:

■ Welches Band läuft in Ihrem Kopf ab, bevor Sie in den Kundenkontakt gehen? Sind Einstellungen dabei wie „Das bringt ja eh nichts." „Nicht der schon wieder!" „Die kapiert das doch nie!" „Noch zwei Stunden bis Ladenschluss . . ."?
■ Wollen Sie dem Kunden zeigen, „was Sache ist", also ihre Fachkompetenz beweisen? Oder möchten Sie ihn wie einen Menschen freundlich behandeln? Steht *Freundlichkeit* oder *Fachwissen* an erster Stelle Ihrer Verkaufseinstellung?
■ Ärgern Sie sich ständig darüber, was alles nicht stimmt an Ihrem Arbeitsplatz, mit Ihren Produkten, Ihrem Chef, Ihren Kollegen, Ihrem Verkaufsgebiet . . .? Oder versuchen Sie, irgendwie *das Beste daraus zu machen*?
■ Erwarten Sie immer nur das Beste von Chefs, Kollegen,

Kunden und werden Sie ständig enttäuscht? Sind immer nur die anderen schuld? Oder sind Sie Ihres eigenen Glückes Schmied und nehmen Ihre Arbeitszufriedenheit und Ihren Erfolg *selbst in die Hand*?

- Wollen Sie sich damit zufrieden geben, unzufrieden die nächsten Berufsjahre herunterzureißen? Was können Sie tun, um die Freude am *Kundenkontakt,* den Sie einmal hatten oder den Sie sich wünschen, (wieder) zu finden?

- Gehen Sie spontan in den Kundenkontakt? Oder bereiten Sie sich *mental* auf den Kontakt vor, indem Sie erst die richtige Einstellung finden, um wirklich ein gutes Verkaufsgespräch zu führen?

- Tragen Sie den Ärger und den Frust, den Sie beruflich oder privat haben, in den nächsten Kundenkontakt hinein? Oder schalten Sie ganz bewusst *vor dem nächsten Kunden* ab?

- Erwarten Sie, dass Ihre gute Form schon irgendwie von alleine kommt oder *arbeiten* Sie täglich, bei großem Frust und vielen Störungen gar stündlich, an der richtigen Einstellung?

- Bemerken Sie die negativen Sprüche, die in Ihrem Kopf ablaufen? Ersetzen Sie sie durch *konstruktive Überzeugungen* wie „Das wäre ja gelacht!" „Jetzt erst recht." „Auch wenn der Chef blöd ist, mit meinen Kunden komme ich prima zurecht."?

Auf Störungen reagieren

Wer mit der richtigen Einstellung in den Kundenkontakt geht, macht es wie die Tennisspieler oder Skirennfahrer, die sich mental auf den Wettkampf einstellen. Gut ist, die richtige Einstellung zu finden, besser, sie während des gesamten Kundenkontaktes aufrecht zu erhalten. Denn während des Kontaktes ist die konstruktive Einstellung ständig durch Störungen bedroht: der Kunde stellt plötzlich auf stur, das Vorführmodell streikt, der Kollege stört, der Laptop stürzt ab, der Kaffee schmeckt scheußlich, die Zeit drängt, man verhaspelt sich im Text . . . Die Liste der möglichen Störungen ist unendlich lang. Wie reagieren wir darauf?

Wir reagieren *automatisch gereizt* – und setzen damit die *Misserfolgsspirale* in Gang. Denn der Kunde kann nicht wissen, weshalb wir gereizt reagieren. Der Kunde bezieht die verkniffene Miene auf sich, reagiert defensiv, was uns noch mehr stresst, unter Druck setzt. Das wiederum drängt den Kunden noch stärker in die Defensive. Wer Erfolg haben will, muss locker bleiben. Es kommt deshalb darauf an, Störungen so früh wie möglich zu bemerken – und darauf nicht mit Stress, sondern gelassen zu reagieren.

Sie können Stress im Kundenkontakt rechtzeitig erkennen, wenn Sie auf die *verborgenen Stress-Frühwarnsignale* Ihres Körpers achten. Jede kleine Verspannung warnt uns vor Stress. Immer wenn der Atem flach wird, ein Drücken im Magen einsetzt, der Rücken verkrampft, der Hals trocken oder die Hände feucht werden, ist etwas im Busch. Jeder hat seine eigenen, persönlichen Warnsignale. Wer sie kennt, kann gegensteuern, noch bevor ihn der Stress aus dem Konzept bringt. Gute Verkäufer achten ständig auf die Stress-Warnsignale: Wie fühle ich mich? Wo bin ich verkrampft? Die Frage ist dann nur noch: Wenn ich die Störung erkannt habe, will ich sie auch beseitigen? Das kommt darauf an, was sich im Kopf abspielt: „Meine Güte, geht mir diese dumme Tussie auf die Nerven!" „Die Arme ist ja völlig fertig mit den Nerven. Wie kann ich sie beruhigen?" „Mist, Mist, Mist – warum hört mir der Kerl nicht richtig zu?" „Seltsam, er ist so abwesend, vielleicht sollte ich ihm erst mal zuhören, was ihn quält." „Oje, wenn er jetzt abspringt, ist meine Monatsquote futsch." „Vielleicht kann ich ihm wenigstens einen kleineren Auftrag abringen."

Spontan reagiert jeder meist mit der negativen Einstellung. Aber: Einstellungen sind keine Tatsachen, sie sind nur Gedanken, die sich ändern lassen – mit etwas Übung sogar so schnell, dass der Kunde davon überhaupt nichts merkt. Die *Erfolgsspirale:* Kunde sagt etwas Dummes – Verkäufer denkt: „Vorsicht! Schnell die richtige Einstellung finden. Wie wär's mit: ‚Hoppla, da habe ich mich wohl unklar ausgedrückt.'" – Körpersprache des Verkäufers verrät diese Einstellung – Kunde reagiert entspannt – Auftragschancen hoch.

Man kann schädliche Einstellungen im Bruchteil einer Sekunde auswechseln, bevor sie Schaden anrichten. Man nennt diese Technik *Reframing* – dem Bild einen neuen Rahmen geben (frame, englisch: Rahmen). Die Situation bleibt dieselbe, nur der Rahmen wechselt. Jeder hat das schon einmal unbewusst gemacht, wenigstens beim berühmten Wasserglas: Es enthält exakt dieselbe Menge Wasser, aber der eine sieht es halb voll, der andere halb leer.

Übung: Reframing

Wer auf eine Störung beim Kundenkontakt mit Stress reagiert, verkauft schlecht. Wer kühles Blut bewahrt, berät und verkauft gut. Der Unterschied zwischen Stress und Überlegenheit steckt im Kopf. Auf jede Störung kann man negativ reagieren: „Blöder Kerl, hat keine Ahnung!" oder konstruktiv: „Hoppla, da hat er was falsch verstanden." Je schneller Sie von negativ auf konstruktiv umstellen können, desto besser kommen Sie an.

- Bereiten Sie sich innerlich auf Störungen vor: Was stört am häufigsten? Wie reagiere ich automatisch (falsch)? Mit welcher Einstellung reagiere ich richtig?
- Spielen Sie sich diese Situation so oft im Kopf vor, bis Sie automatisch nicht mehr angespannt, sondern locker darauf reagieren. Meistens reichen ein halbes Dutzend Wiederholungen, bei hartnäckigen Blockaden brauchen Sie ein Dutzend Wiederholungen oder mehr.
- Achten Sie im Kundenkontakt auf Störungen und auf Ihre geheimen Stress-Frühwarnzeichen. Wenn Sie gut trainiert sind, reagieren Sie automatisch locker. Wenn eine neue Störung auftaucht, auf die Sie nicht vorbereitet sind, improvisieren Sie. Der Kunde ist beeindruckt, wenn er sieht, dass Sie mitdenken und nicht bloß Prospekttext aufsagen.

Büroszene: Salomon Brothers

Lewis Ranieri war in den 8oer Jahren der erfolgreichste Anleihen-Händler bei Salomon Brothers. Salomon Brothers war damals die reichste Bank an der Wall Street und wahrscheinlich das reichste Unternehmen der Welt. Als er zum Vizepräsident aufstieg, sagte sein Boss zu ihm: „Lewie, kauf dir ein paar ordentliche Anzüge, du siehst aus wie ein Verkäufer." Er kaufte sich ein halbes Dutzend feiner Dreiteiler bei Manhattans teuerster Adresse – aber er wurde bei keinem Kundenkontakt jemals darin gesehen. Die Anekdoten, wie er seine „Arbeitskleidung" aus dem Verwaltungsgebäude schmuggelte, um sich irgendwo zwischen Büro und Kundensitz heimlich umzuziehen, sind Legende. Darauf angesprochen, sagte er einmal in einem TIME-Interview: „Für wie vertrauenswürdig, glauben Sie wohl, halten mich meine Kunden, wenn ich herausgeputzt wie ein Autoverkäufer erscheine?"

Des Verkäufers neue Kleider

Kleidung ist Signal. Wenn ein Baustoffverkäufer im Anzug auf der Baustelle erscheint, signalisiert er: „Ich bin was Bess'res als ihr!" Wenn eine Textilverkäuferin besser gekleidet ist, als es die Auslage in ihrem Geschäft hergibt, hält sie ein unsichtbares Schild hoch: „Bitte kaufen Sie nicht hier, sondern

Eine ist die Verkäuferin, eine die Kundin. Welche?

„Herausgeputzt wie ein Autoverkäufer" – fast schon ein geflügeltes Wort

dort, wo es dieses tolle Kleid gibt!"
Wenn ein Banker hinter dem Schalter
Pulli statt Jackett über der Krawatte
trägt, heißt das: „Ich bin auch nur ein
Mensch, wie Sie." In manchen Banken
ist das ein Abmahnungsgrund.

◼ Ihre Kleidung spricht zum Kunden. Wovon spricht sie?
◼ Passt diese Aussage zu Ihrem
Ziel? Ist Ihr Ziel, den Kunden
auf Ihren Schneider neidisch zu
machen oder ihm etwas zu verkaufen?
◼ Was den Kunden gefällt, gefällt
nicht immer Ihrem Chef (siehe
Büroszene: Salomon Brothers).

Die meisten Menschen mit Kundenkontakt wollen sich mit ihrer Kleidung
die Kunden vom Leib halten. Sie glau-

ben, wenn der Kunde einen teuren
Anzug sieht, ist er weniger unfreundlich. Man fühlt sich eben sicherer im
Maßanzug. Diese Rechnung geht nur
teilweise auf. Natürlich ist die Kundin
von der aufgedonnerten Kosmetikver-
käuferin beeindruckt – aber sie kauft
bei ihr nur das Nötigste. Zu gutes
Aussehen frustriert und weckt Neid-
und Minderwertigkeitskomplexe. Und
nur ein zufriedener Kunde kauft auch
zufrieden stellend. Gerade Kosmetik-
Verkäuferinnen sind oft ein Musterbeispiel für perfekt eingesetzte Körpersprache. Sie sind meist äußerst gepflegt – aber immer einen Tick weniger
gut aufgemacht als die Zahnarzt-Gat-
tin, die monatlich mehrere Hundert
Mark für Kosmetik ausgibt und beim
Bezahlen denkt: „Ich sehe eben im-

mer noch besser aus als diese jungen Dinger." Es liegt auf der Hand, dass frau für eine derart gezielt eingesetzte Aufmachung ein äußerst gefestigtes Selbstbewusstsein und ein scharfes Auge braucht. Wer sich „auftakeln" muss, um sich sicher zu fühlen, vergrault seine Kunden. Wer dies nicht braucht, fragt sich vor dem Ankleidespiegel:

- Was passt in die *Welt des Kunden?* Was signalisiert: „Ich bin einer von euch"?
- Was passt gleichzeitig zu den *Erwartungen des Kunden?* Von einer Boutique-Verkäuferin erwartet die Kundin, dass sie ein bisschen besser angezogen ist.
- Was ist eindeutig *zu fein?*
- Gibt es *Besonderheiten* in der Kleiderordnung des Kunden?

Gerade die *Anpassung* im letzten Punkt zeigt den Meister. Der Chemieverkäufer eines kleinen Zulieferers sagte beim Kunden: „Augenblick, bevor wir ins Labor gehen, streife ich mir schnell den Kittel über." Im Laborkittel war er einer von ihnen. Während der Verkäufer der Konkurrenz immer in seinen italienischen Designer-Schuhen durch den Matsch tänzelt, hat der Verkäufer eines Zementwerkes seine Gummistiefel im Auto. Außerdem hat er einen alten, verschrammten Helm dabei. Es sind diese kleinen Zeichen, die unbewusst ins Auge fallen und das richtige Signal geben.

Büroszene: Die McDonald's-Geste

Die beiden US-Berater Kline und Saunders berichten von einem nahezu unglaublichen Fall von exzellenter Körpersprache. Eine BWL-Studentin, die bei einem amerikanischen McDonald's arbeitete, wollte die Massenabfertigungsatmosphäre an ihrem Kassentresen etwas persönlicher gestalten. Sie überlegte lange. Das Lächeln war bei McD's sowieso schon Pflicht und wurde deshalb gar nicht mehr wahrgenommen. Viel reden konnte man an der Kasse auch nicht. Also gab sie das Wechselgeld auf eine besondere Weise zurück. Sie nahm die Hand des Gastes in ihre linke und legte mit der rechten das Wechselgeld in seine rechte. Eine nahezu unmerkliche Geste menschlicher Wärme, denn der Gast konzentriert sich hauptsächlich auf das Wechselgeld. Nach zwei Wochen war die Schlange vor der Kasse der Studentin ständig merklich länger als vor anderen Kassen. Die Leute stellten sich sogar bei ihr an, während andere Kassen frei waren. Sie war eben „die freundlichste" Kassiererin. Warum, konnte niemand sagen (weil kein Durchschnittsgast den Halo-Effekt kennt). Nach einer Weile wollten die Kolleginnen wissen, was vor sich geht. Sie saßen direkt neben der Studentin und bemerkten es nicht! Die Studentin zeigte es ihnen. Alle machten es nach. Das Arbeitsklima – in Fast-Food-Betrieben nicht immer das beste – verbesserte sich dramatisch. Der

Umsatz stieg. Dann wechselte der Manager. Als der neue Manager kam, war er entzückt von den Zahlen der Filiale, er schwärmte davon, dass „dieser McDonald's ganz anders ist als alle anderen". Er konnte nicht sagen, warum. Die Ursache für den entscheidenden Unterschied war zu subtil. Eine kleine Geste hatte die gesamte Betriebskultur verändert.

Gestik im Verkauf

Wer automatisch, floskelhaft und weil man es eben muss, „freundlich" sein will, erntet nur Zurückweisung. Der Kunde merkt die Absicht und reagiert verstimmt. Doch wenn man merkt, dass die Geste von Herzen kommt, hat man den Kunden schon für sich gewonnen. Ein Autoverkäufer erzählt: „Wenn der Kunde die Testfahrt hinter sich hat und mit den Prospekten in der Hand zur Tür rausgeht, weiß ich nicht, ob er wiederkommt und kauft, ob er nach dem Besuch bei der Konkurrenz unsere Wagen noch in Erinnerung hat. Also sorge ich dafür." Dieser Verkäufer ist ein Meister des Handschlags. Das letzte, was der Vielleicht-Kunde vor Verlassen des Händlers mitbekommt, ist eine Reizüberflutung menschlicher Wärme. Der Verkäufer bedankt sich für den Besuch und strahlt dabei übers Gesicht, als ob dieser eine Besuch ihm das wichtigste Erlebnis des Tages gewesen sei – und irgendwo stimmt das ja auch. Seine *Körperhaltung* ist offen, der *Blickkon-*

takt frei heraus und sein *Händedruck* fest. Die Linke legt er auf die Hand des Kunden, auf oder seitlich an seinen rechten Unterarm (siehe Zeichnung unten).

Diese Verabschiedung wirkt noch lange nach

Eine Bekleidungsverkäuferin in einem Stuttgarter Warenhaus verwendet ähnliche Impulsgesten. Normalerweise steht der Kleiderverkäufer neben dem Kunden, als ob ihn das alles nichts angeht, weit außerhalb der Dialogzone. Er glaubt, vornehme Distanz zu wahren, tatsächlich „verhält er sich so kalt wie ein englischer Butler und behindert den Umsatz", wie es die Abtei-

Welches Kleid wählt die Kundin wohl? Richtig, das zweite. Nicht wegen des Kleides, sondern wegen der Signale der Verkäuferin

lungsleiterin ausdrückt. *Kälte verkauft nicht*. Natürlich gibt es Menschen, die keine Nähe vertragen. Aber das merkt die Verkäuferin sofort: „Wenn ich etwas am Kostüm zurechtzupfe und die Körpersprache der Kundin steif wird, weiß ich Bescheid." Doch das ist selten. Der Mensch ist eben ein soziales Wesen. Und das nutzt die Verkäuferin. Wenn die Kundin sich im Spiegel betrachtet, steht sie schräg hinter ihr, mit einer Armlänge Abstand (siehe Zeichnung oben), strahlt sie über den Spiegel an und legt kurz die rechte Hand auf den oberen Rücken, die Schulter oder den Arm, während sie das Spiegelbild mustert und ihre Meinung zum gewählten Kleid sagt. Sie meint: „Sie wissen gar nicht, wie unsicher die Kundin oft ist, ob das gewählte Kleid zu ihr passt. Wenn man ihr bloß gut

zuredet, glaubt sie das nicht. Also zeige ich ihr körperlich, dass ich hinter ihr und meiner Meinung stehe."

Hören statt reden

Der Verkaufsleiter eines Maschinenbauers sagt: „Ein guter Verkäufer kann reden. Ein Spitzenverkäufer kann zuhören." Das ist der Fehler, den die meisten Verkäufer machen – sie lassen ihre Kunden nicht zu Wort kommen und überschütten sie mit einem Wortschwall – der Text stammt meistens aus dem Prospektmaterial: „Man muss den Leuten zeigen, was Sache ist." Und was passiert dann? Der Kunde macht immer neue Einwände, denn er hat ja ein Problem, einen konkreten Wunsch, Zweifel, Fragen und Unsicherheiten – aber keiner will sie hören und ihm weiterhelfen. Der Verkäufer versucht zwar, den Kunden mit seinem überragenden Fachwissen und seiner Produktkenntnis zum Kaufen zu bewegen, aber das misslingt. Dabei ist die beste Manipulation nicht Reden, sondern Schweigen. *Aufmerksamkeit ist die am meisten unterschätzte Form der Manipulation.* Ein Verkäufer, der zuhören kann, gilt dank Halo-Effekt als kompetent, einfühlsam, ehrlich, vertrauenswürdig, sympathisch und – welche Ironie! – nicht manipulativ. „Der nimmt mich wenigstens ernst, der hört mir zu", spürt der Kunde. Eine Verkaufsleiterin meint: „Es ist verblüffend. Einem Verkäufer, der gut zuhören kann, glauben die Kunden alles!"

Ein Verkäufer, der gut zuhören kann, zieht dem Kunden auch noch das letzte Geheimnis aus der Nase – und verkauft damit besser. Denn je mehr ich über den Kunden weiß, seine „geheimen" Wünsche und Vorlieben kenne, desto besser kann ich mein Angebot auf ihn abstimmen. Doch machen wir uns nichts vor. *Aktives Zuhören* (mit Gesten und Geräuschen Aufmerksamkeit zeigen), der *stumme Blickkontakt,* das ständige *Spiegeln* des Kunden und das durchgehaltene *Magnetblick*-Manöver sind harte Arbeit – jedenfalls härter, als zu reden wie ein Wasserfall. Deshalb sagen die Amerikaner auch Aerobic Listening dazu – Hochleistungszuhören.

Büroszene: 1 Jahr Schweigen – 1 Million Umsatz

Die Investment-Abteilung eines Frankfurter Bankhauses bearbeitete zehn Jahre lang eine reiche Witwe. Die Witwe wurde von Berater zu Berater durchgereicht. Jeder wollte sie bewegen, ihre geerbte Million Gewinn bringend anzulegen, jeder sprach in glühenden Worten vom DAX, von Futures, von den Chancen bei offenen Investmentfonds. Kein „Berater" hatte Erfolg mit seinem „Sales Pitch" – seinen Verkaufsargumenten. Schließlich hatte ausgerechnet das Greenhorn der Abteilung, der Letzte in der Reihe der Berater, Erfolg. Als sein Chef ihn wütend fragte, ob er die alte Dame etwa genötigt hätte, sagte er: „Iwo, ich habe ihr nur ein Jahr lang jeden Monat eine Stunde zugehört." Die Dame hatte keine Ahnung vom DAX und von Futures. Aber sie kannte sich gut mit Magnolien aus. Und sie schätzte einen guten Zuhörer.

Kunden sind nur Menschen. Wer das weiß und sie wie Menschen behandelt und ihnen zuhört anstatt zu verkaufen, der verkauft. Probieren Sie *aktives Zuhören* mal bei Bekannten, Kollegen, bei kleineren Kunden aus. Es ist etwas völlig Neues und total Ungewohntes. Ständig will man den Kunden ins Wort fallen, denn schließlich weiß man es ja tatsächlich besser. Doch wer sich zusammennehmen kann, wird belohnt.

Killersignale im Verkauf

Beliebte Verkäufer verkaufen besser. Unbeliebte Verkäufer wissen meist nicht, weshalb sie schlechter verkaufen: Sie verwenden unbewusst Killersignale. Sie haben ihre Gedanken nicht unter Kontrolle und ihre Gesten verraten diese „bösen" Gedanken:

Der Kunde sagt etwas Dummes. „Blöder Kerl!", denkt der Verkäufer, runzelt die Stirn, verkneift den Mund und verschränkt die Arme. Mit solchen Signalen kommt man nicht an und macht sich selbst unbeliebt. Solche Killersignale wird man auch nicht los, indem man krampfhaft lächelt. Es gibt so viele Körpervokabeln – alle kann man nicht kontrollieren. Irgendwo blitzen die bösen Gedanken durch. Deshalb darf man nicht die Signale abstellen, man muss die *Gedanken* abstellen, dann hören die Killersignale von selbst auf. Wie man böse Gedanken in gute verwandelt, haben wir beim *Reframing* (siehe Seite 133 f.) gesehen.

Das Killersignal schlechthin ist die *typische Verkäuferpersönlichkeit*: überbetontes Grinsen, aufgesetzte fröhliche Laune, aufgedrehte Gesten, schnelles Sprechen, viel Lachen, unglaubwürdige Scheinüberlegenheit oder schmalztriefende Unterwürfigkeit, die „Verkäuferbauchlage". Das alles funktioniert nicht, weil es nicht ernst gemeint ist und weil der Kunde es merkt: „Verlogener Kerl!" Deshalb schlucken viele Gäste im Restaurant beim monotonen „Hat's geschmeckt?" der Kellnerin. Es wirkt unehrlich, eben angeordnet und ebenso eingeübt wie das Abräumen des Geschirrs. Freundlichkeit wird nur dann akzeptiert, wenn sie von Herzen kommt und wirkliches Interesse für den Gast signalisiert. Kunden haben eine feine Nase dafür, ob sie persönlich gemeint sind oder ob nur eine unpersönliche Floskel eingeschoben wurde. Spitzenverkäufer bemühen sich, dem Kunden so stark wie möglich *Akzeptanz* zu zeigen. Durchschnittsverkäufern fällt das extrem schwer. Sie haben sich so an ihr Verkaufsgrinsen gewöhnt, dass sie dahinter gar nicht mehr den Kunden sehen. „Einen fremden Menschen wirklich zu akzeptieren, wie er ist", soll der große englische Schauspieler Sir Laurence Olivier gesagt haben, „ist die schwierigste aller Übungen". Also nur eine Sache der Beobachtung und der Übung. Während schlechte Verkäufer nach jedem Verkaufsseminar noch eine weitere aufgesetzte *Powergeste* und noch ein unehrlicheres *Abschlusslächeln* mit nach Hause bringen und gegen diese Reizüberflutung der Verlogenheit anverkaufen müssen, gehen Spitzenverkäufer den umgekehrten Weg. Sie versuchen, dem Kunden immer stärker Akzeptanz zu zeigen – und verkaufen immer besser und besser. Die Impulsgeste der McDonald's-Kassiererin zeigte pure Akzeptanz, deshalb wirkte sie.

Ein Kunde schlägt Krach – die Reklamation

Reklamationen sind umso stressiger, je gröber der Kunde wird: Kunde reklamiert – Verkäufer reagiert gestresst – Kunde fühlt sich nicht mit der nötigen Aufmerksamkeit behandelt und wird noch heftiger – Verkäufer reagiert noch gestresster – Kunde ... Einem Verkäufer in dieser Lage den Tipp zu geben „Kunde ausreden lassen, lächeln, aufmerksam zuhören" ist reiner Zynismus. Denn wenn er aufgeregt ist, kann kein Mensch freundlich sein. Die ganze Attacke empfinden wir als *persönlichen* Angriff – und schlagen zumindest nonverbal zurück: Wir runzeln die Stirn, verschränken die Arme, heben die Stimme und verkrampfen den Unterkiefer. Diese Signale sind ein rotes Tuch für den reklamierenden Kunden. Signalisierte Abwertung steigert die Wut des Kunden nur noch. Wenn man sich nicht aufregt, bleibt man automatisch freundlich. Wie erreicht man das? Man fühlt sich nicht persönlich angesprochen. Denn von *Ihnen* will der Kunde gar nichts – von der *Firma* will er etwas.

Büroszene: „Ich bin nicht gemeint!"

In der Kunden-Hotline-Abteilung eines Software-Hauses war immer dicke Luft. Die Mitarbeiter fühlten sich von den Kunden ungerecht behandelt, litten unter den ständigen, gestressten und wütenden Anrufen, ließen den Ärger untereinander aus, waren deshalb häufig krank und leisteten auch nicht das gesteckte Pensum. An einem einzigen Tag änderte sich das grundlegend. Ein Trainer zeigte den Mitarbeitern, dass sie nur deshalb so gestresst reagierten, weil sie jeden Vorwurf persönlich nahmen – dabei meinten die Kunden immer nur die „blöde Software". Die Mitarbeiter sahen den Irrtum und trainierten, den Vorwurf auf die Software zu beziehen. Als Erinnerung klebten sich viele ein Schild an ihren Bildschirm: „Nicht ich bin gemeint!" Seither ist die Stimmung gut, der Krankenstand niedrig und die Leistung hat sich enorm gesteigert.

Lernen Sie, den Vorwurf nicht auf sich zu beziehen, sondern auf das Produkt, den Service, die Firma – was immer der Kunde moniert. Danach fällt es Ihnen leicht, den Kunden mit den richtigen Signalen zu besänftigen:

- ■ *offene Haltung,* sich nicht hinter Regalen oder Schreibtischen verbarrikadieren
- ■ *Aufmerksamkeit* demonstrieren, mitnicken, begleitende Geräusche und Mienen machen
- ■ mit ruhiger, etwas tieferer *Stimme* besänftigen
- ■ mehr *Zuhören* als Zureden
- ■ aber zum Schluss *überzeugend* und *mit Festigkeit* die Reklamation „zubinden".

Am *Telefon* wirkt Zuhören statt Zureden sogar besonders gut. Eine Telefonservice-Dame verrät: „Wenn einer meint, bei mir Dampf ablassen zu müssen, dann stelle ich meine kommentierenden Geräusche ein, decke die Sprechmuschel ab und schweige ihn einfach an. Irgendwann geht ihm die Luft aus und er fragt: ‚Sind Sie noch da?' Dann bejahe ich freundlich.

Wenn er dann weitermacht, wiederhole ich das Spiel solange, bis er keine Puste mehr hat. Dann gebe ich ihm freundlich Recht und frage ihn, wie wir die Sache ausbügeln können." Lässt man den Kunden austoben und hört nur aktiv zu, besänftigt sich der Sturm viel schneller, als wenn man ihm dauernd neue Nahrung für seine Wut gibt.

»Man sieht, ob ein Mensch Rückgrat hat.«

NAPOLEON BONAPARTE

DREI *TIPPS* ZUM GUTEN SCHLUSS

Erinnern wir uns an Cary Grant, Kathrin Hepburn, Mel Gibson oder Claudia Schiffer. Alle vier glänzen bei ihren Auftritten. Sie strahlen Selbstsicherheit, Wärme und Souveränität aus. Mit welchen *Signalen* sie diese *Wirkung* erreichen, haben wir auf vielen Seiten diskutiert. Wir selbst, jeder und jede von uns, haben Momente, in denen wir genauso stark und überzeugend wirken. Das Problem ist, diese starke Wirkung hinüberzutragen in Situationen, in denen wir befangen, nervös, gestresst sind: bei der Bewerbung, vor dem Chef, bei Mobbing der Kollegen, hinter dem Rednerpult oder vor Kunden. In diesen Situationen ist unsere *Selbstsicherheit* gestört, unsere Signale sind unsicher oder wir überkompensieren – zum Beispiel durch unpassende Kleidung.

Nutzen Sie das Umkehrprinzip. Wenn sich Selbstvertrauen einstellt, kommt die überzeugende Wirkung fast von selbst. Also müssen wir an unserem Selbstvertrauen arbeiten, mithilfe des Umkehrprinzips: *Selbstvertrauen wirkt überzeugend und überzeugende Signale steigern das Selbstvertrauen.* In den Kapiteln des Buches finden Sie Übungen, mit denen Sie durch die richtigen Vokabeln falsche Einstellungen in Selbstvertrauen verwandeln können. Und Sie finden Signale, die Ihnen – wieder – Selbstsicherheit geben.

Körpersprache ist eines der besten Mittel, das eigene Selbstvertrauen wieder aufzubauen. Wenn Sie an Signalen und am Selbstvertrauen gleichzeitig arbeiten, stellt sich der Erfolg fast zwangsläufig ein.

Probieren geht über Studieren. Körpersprache lernt man wie jede andere Sprache: durch Sprechen. Übung macht den Meister. Nicht alles muss gleich beim ersten Versuch funktionieren.

Trainieren Sie wie ein Spitzensportler: in kleinen Schritten, aber regelmäßig. Sie müssen die Übungen dieses Buches nicht ausprobieren. Genauso gut ist es, sich selbst etwas ausdenken, das Sie versuchen möchten. Aber kontrollieren Sie sich wie ein Spitzensportler. Probieren Sie eine Geste, eine Miene, eine Stimmlage aus und beobachten Sie die Wirkung. Was funktioniert? Was können Sie anders, was besser machen? Dann machen Sie es noch einmal. Je öfter Sie Ihre Wirkung testen, desto mehr Erfolg haben Sie damit.

Wenn Sie nur wenige Tage lang ab und zu einen Versuch in Körpersprache einstreuen, werden Sie eine erstaunliche Entdeckung machen. Ihr Auge verselbständigt sich. Sie sehen sich und Ihre Umwelt wie ein Choreograf: Alles ist Signal. Jede Geste, jede Miene hat eine Bedeutung, wirkt auf Sie, Sie wirken zurück – es ist wie beim Tanz. In diesem fließenden Zustand des *Signalaustauschs* werden Ihnen die unglaublichsten Dinge passieren. Wo Sie früher reflexhaft mit Unsicherheit, Kampf oder Flucht reagiert haben, werden Sie jetzt genauso automatisch mit Überzeugungskraft und

Standsicherheit reagieren. Sie werden Kunden überzeugen, die Sie noch nie zuvor so weit bringen konnten. Sie werden die Schritte Ihres Chefs bis ins kleinste Detail vorhersagen können. Sie werden Kollegen beim Mobbing wie ein Stierkämpfer ins Leere laufen lassen. Und Sie werden andere Meister der Körpersprache treffen und hübsche Anekdoten austauschen können.

Vor allem werden Sie eines bemerken: Ihrer Mitmenschen reagieren anders auf Sie. Je geübter Sie in Körpersprache werden, desto stärker verändern sich die Reaktionen von Vorgesetzten, Kollegen, Freunden und Fremden. Seminarteilnehmer berichten oft: „Seit dem Seminar treffe ich die ‚richtigen‘ Männer.“ „Plötzlich bin ich die Mobber los – jetzt machen sie einem anderen Kollegen das Leben schwer.“ „Seit drei Wochen hat mich mein Chef nicht mehr runtergemacht.“

Wunder? Zauberei? Nein, logische Konsequenz. Wer nicht länger mit der heimlichen Opferrolle durchs Leben läuft, sondern selbstbewusst und freundlich auftritt, zieht nicht mehr die typischen Machos und dominanten „Beschützer“, sondern erwachsene, intelligente Männer an. Wer dem Chef als gleichberechtigter, konstruktiver Partner gegenübertritt, auf dem mag er nicht länger herumtrampeln. Durch unsere Körpersignale steuern wir das Verhalten anderer. Oder einfacher ausgedrückt: Wie man in den Wald hineinruft, so schallt es heraus. Wie wollen Sie in den Wald hineinrufen? Wie möchten Sie behandelt werden? Möchten Sie geschätzt, respektiert, engagiert, befördert, geliebt oder anerkannt werden? Dann senden Sie die entsprechenden Signale. Das heißt nicht, dass sie denjenigen anerkennen müssen, von dem Sie sich Anerkennung erhoffen. Das heißt vielmehr: Geben Sie demjenigen, von dem Sie sich ein bestimmtes Verhalten erwarten, genau jene Signale, welche bei ihm dieses Verhalten auslösen. Vielleicht müssen Sie dafür einige Signale ausprobieren, austauschen oder modifizieren. Aber nach wenigen Versuchen wissen Sie meist, welche Signale „passen". Dann haben Sie eine neue Erfolgsstory, die Sie erzählen können.

Vielleicht tauschen wir unsere Signalstorys ja einmal auf einem Seminar aus. Ich würfe mich freuen.

WEITERFÜHRENDE LEKTÜRE

Es gibt viele Bücher über Körpersprache. Wenn Sie eines in die Hand nehmen: Vergleichen Sie die Anregungen und Argumente und ordnen Sie sie in das Know-how ein, das Sie sich zum Thema bereits angeeignet haben. Wenn Sie mehr darüber erfahren möchten, was neben der Körpersprache unsere Wirkung auf andere und unser Selbstwertgefühl beeinflusst, dann empfehle ich folgende Bücher.

Der Körper verrät die geheimsten Gedanken

Rolf Rüttinger: Transaktionsanalyse. Sauer-Verlag, Heidelberg. Arbeitshefte Führungspsychologie, Band 10. 6. durchges. Aufl. 1996.
Das schmale und sehr preiswerte Taschenbuch verrät, woher unsere Körpersprache kommt: Sie ist Ausdruck des momentanen Zustandes unseres Selbstwertgefühls. Die Lektüre wird erleichtert durch etwas psychologische Vorbildung.

Amy Bjork Harris, Thomas A. Harris: Einmal o.k., immer o.k. rororo-Taschenbuch 1990. Nachfolger des Bestsellers „Ich bin o.k. – Du bist o.k.".
Empfehlenswerter als der Vorgänger, weil das Buch ganz nah an der Praxis zeigt, warum unser Körper das signalisiert, was er signalisiert und wie wir die Stimmen in unserem Kopf verändern können, die uns oft das Falsche einflüstern.

Die Vokabeln der Körpersprache

George Walther: Sag, was du meinst, und du bekommst, was du willst. Econ-Verlag. 14. Aufl. 1998.
Das Buch kümmert sich um die restlichen 7 Prozent Überzeugungswirkung: die Sprache, genauer: die Wortwahl. Wie bei der Körpersprache, so stellen wir uns durch unsere Wortwahl ständig selbst ein Bein. Das Buch kommt ohne jede trockene Kommunikationstheorie aus, indem es einfach an Hunderten von Beispielen aufzeigt, wie wir uns täglich um Kopf und Kragen reden und wie man es besser macht.

Ullrich Sollmann: Management by Körper. Verlag Orell Füssli. 1997.
Zugegeben, der Titel ist gewöhnungsbedürftig. Der Autor jedoch ist Fachmann für Körpersprache und Bioenergetik. Er zeigt an vielen Beispielen, wie jeder physiologische Ausdruck des Körpers eine geistige Entsprechung hat und wie man sich mit sanften Körperübungen wieder in den eigenen Körper einfühlen und damit das eigene Ego leiten kann.

Erfolgreicher Einstieg: Das Bewerbungsgespräch

Uta Glaubitz: Die häufigsten Bewerbungsfehler und wie Sie sie vermeiden. Falken Verlag 1999.
Preiswertes und erfrischendes Taschenbuch, das frech und kompetent mit alten Zöpfen aufräumt, die immer noch durch die Bewerberliteratur geistern. Enthält Tipps zu allen anderen Faktoren wie Vorbereitung, Unterlagen, Fragen ...

Shakti Gawain: Gesund denken. Heyne Taschenbuch. 1994.
Das Buch erschien schon einmal unter dem besser einleuchtenden Titel: Stell dir vor! Er zeigt, wie man sich durch kreatives Visualisieren einen Job (und jedes andere Ziel) buchstäblich erträumen kann. Wenn der Kopf voll auf den neuen Job eingestellt ist, ergibt sich die richtige Körpersprache quasi automatisch.

Mit Kollegen umgehen

Gabriele Stöger: Besser im Team. Beltz-Verlag. 1996.
Nach dieser Lektüre haben Sie keine Problemkollegen mehr. Die Autorin und Management-Trainerin erklärt an vielen Beispielen, weshalb wir uns bei bestimmten Kollegen immer ärgern müssen, wie man seinen eigenen Persönlichkeitstypus und den der Kollegen identifiziert und sich so darauf einstellt, dass man nie wieder Ärger haben wird.

David M. Noer: Die vier Lerntypen. Klett-Cotta-Verlag. 1998.
Für alle Menschen, die in Veränderungsprojekten arbeiten. Das Buch demonstriert, wie unterschiedlich Kollegen (und Mitarbeiter) auf Veränderungen reagieren: Weshalb sie sie aussitzen, blockieren oder sabotieren und wie man diese Widerstände auflöst.

Chefs und Mitarbeiter

Gabriele Stöger: Wie führe ich meinen Chef? Verlag Orell Füssli. 2. Aufl. 1998.
Wenn wir wollen, dass sich unser Chef ändert, müssen wir ihn dazu erziehen. Mit einer richtigen Einschätzung seines Typs und seines Verhaltens, mit entsprechenden Erziehungsmethoden wie dem Sandwich-Feedback und mit einer gehörigen Portion Selbstbewusstsein. Das Buch enthält viele gut erklärte Techniken, die eigene Selbstsicherheit zu steigern und ist damit wesentlich für die Körpersprache.

Jürgen Hesse, Hans Christian Schrader: Die Neurosen der Chefs. Serie Piper 1998.
Wenn Sie an Ihrem Chef leiden, lesen Sie dieses Buch. Danach werden Sie sich nicht mehr über Ihren Chef ärgern, ihn nur noch bemitleiden, verstehen, weshalb er sich so benimmt und die nötigen Schritte ergreifen können.

Thomas Gordon: Managerkonferenz. Heyne Business 1995.
Ein Standardwerk der Mitarbeiter-Führung. Es demonstriert, weshalb Anweisen, Kontrollieren und alle anderen klassischen Führungsinstrumente so kläglich scheitern und wie erfolgreiche Führungskommunikation aussieht.

Ulrich Krystek, Doris Becherer, Karl-Heinz Deichelman: Innere Kündigung.
Rainer Hampp Verlag. 2. verb. u. erg. Auflage 1995.
Die berühmte Studie über die Gründe, weshalb Mitarbeiter in die innere Emigration gehen. Wer die Gründe kennt, stellt seinen Führungsstil um.

Ricardo Semler: Das Semco-System. Management ohne Manager. Heyne Business 1995.
Einer der erfolgreichsten Manager Brasiliens erzählt seine Erfolgsgeschichte, die alles auf den Kopf stellt, was wir an Symbolik aus deutschen Unternehmen kennen: Kleiderordnung, Distanzzonen, Körpersprache der Manager, Herrschaftssymbole ... Vergnüglich zu lesende Bildungslektüre für die Abendstunden.

Sitzungen und Meetings

Kris Cole: Kommunikation klipp und klar. Beltz-Verlag. 1996.
Ein Standardwerk der Kommunikation schlechthin und ein gute Vorbereitung für Sitzungen und Meetings, die ja immer etwas verschärfte Kommunikationssituationen darstellen.

Klaus D. Tumuscheit: Überleben im Projekt. Verlag Orell Füssli. 1998.
Das Buch ist für Projektmanager geschrieben und enthält in Kapitel 18, „Sinnlose Sitzungen", einen in seiner Art einmaligen, witzigen und mitten aus der Praxis gegriffenen Crash-Kurs zur Vermeidung von zeitraubenden, unproduktiven Sitzungen, zur taktisch klugen Moderation und zur Entschärfung von Schuldzuweisungsorgien, Rechthaber-Safaris und anderen Sitzungspathologien.

Freie Rede und Präsentation

Martin Hartmann, Rüdiger Funk, Horst Nietmann: Präsentieren. 4. neubearb. Aufl. 1998.
Unterscheidet sich wohltuend von den üblichen, methodenlastigen Präsentationsbüchern, indem es zeigt, dass wichtiger als die Frage „Setze ich jetzt das Flipchart oder den Overhead ein?" die Fragen sind: Wem präsentiere ich überhaupt? Was wollen die hören? Was will ich erreichen? Sind diese Fragen geklärt, stimmt auch das Selbstvertrauen und die Körpersprache ergibt sich fast von allein.

Duden: Reden gut und richtig halten! Bibliographisches Institut Mannheim 1994.
Körpersprache hat auch mit Sicherheit zu tun. Wer gut vorbereitet ist, fühlt sich sicherer. Der Rhetorik-Duden bietet neben einem ausführlichen Teil zur Technik der Rede auch eine Fülle von zitierfähigen Aussprüchen berühmter Zeitgenossen und vor allem: wirklich brauchbare Musterreden.

Mit Kunden umgehen

Hans Christian Altmann: Kunden kaufen nur von Siegern. mi-Verlag. 1998.
Ein aus zwei Gründen bemerkenswertes Buch. Erstens enthält es keine so genannten Tipps von Verkaufsexperten, sondern lauter Erfolgsgeschichten von wirklich existierenden Verkäufern. Und zweitens sieht man deren Erfolgsrezepten auf den ersten Blick an, dass sie funktionieren, weil sie hundertfach erprobt sind.

REGISTER

Zum Thema Beruf und Karriere sind im FALKEN Verlag unter anderem folgende Bücher erschienen:
Reiner Brehler, Modernes Redetraining (1575)
Gisa Briese-Neumann, Zeitmanagement im Beruf (1714)
Thomas Hammer / Dr. Walter Kiefl, Selbstständigkeit und freie Mitarbeit (1891)
Dr. Claus Harmsen, FALKEN Handbuch Bewerbung (2356)
Gertrud Teusen, Richtig auftreten im Beruf (1657)

Sie finden uns im Internet: **www.falken.de**

Der Text dieses Buches entspricht den Regeln der
neuen deutschen Rechtschreibung.

Dieses Buch wurde auf chlorfrei gebleichtem
und säurefreiem Papier gedruckt.

ISBN 3 8068 2069-4

© 1999 by FALKEN Verlag, 65527 Niedernhausen/Ts.
Umschlaggestaltung: Rincon² Design & Produktion, Köln
Layout: Peter Lohse, Büttelborn
Zeichnungen: Dietmar Griese, Laatzen
Redaktion: Dr. Rainer Lorenz, Kassel / Dr. Petra Begemann

Die Ratschläge in diesem Buch sind von der Autorin und vom Verlag sorgfältig erwogen und ge-
prüft, dennoch kann eine Garantie nicht übernommen werden. Eine Haftung der Autorin bzw. des
Verlags und seiner Beauftragten für Personen-, Sach- und Vermögensschäden ist ausgeschlossen.

Satz: Grunewald GmbH, Kassel
Druck: Ludwig Auer GmbH, Donauwörth

817 2635 4453 6271

Karriere-Ratgeber

von M. Peel
224 Seiten, kartoniert
ISBN: 3-8068-**7329**-1
DM 39,90

von G. P. Rabey
200 Seiten, kartoniert
ISBN: 3-8068-**7330**-5
DM 39,90

von R. Jay
176 Seiten, kartoniert
ISBN: 3-8068-**7361**-5
DM 39,90

von A. M. Stewart
168 Seiten, kartoniert
ISBN: 3-8068-**7328**-3
DM 39,90

Stand der Preise 12.1999 · Änderungen vorbehalten

Erfolg im Beruf

von J. Payne, S. Payne
248 Seiten, kartoniert
ISBN: 3-8068-**4976**-5
DM 39,90

von J. Hodgson
208 Seiten, kartoniert
ISBN: 3-8068-**7362**-3
DM 39,90

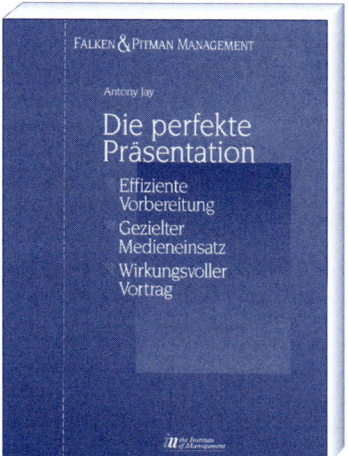

von A. Jay
182 Seiten, kartoniert
ISBN: 3-8068-**4975**-7
DM 39,90

von D. M. Martin
232 Seiten, kartoniert
ISBN: 3-8068-**4974**-9
DM 39,90

Stand der Preise 1.2.1999 · Änderungen vorbehalten